# 우리 몸속 이야기

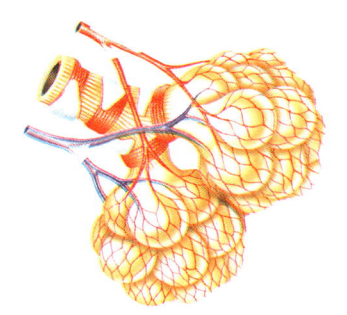

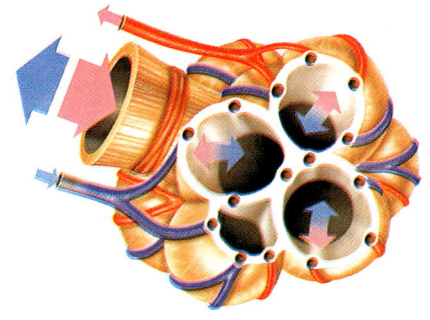

# 차례

첫 번째 이야기
살갗과 털 4

두 번째 이야기
뼈 18

세 번째 이야기
피 36

네 번째 이야기
숨쉬기 54

다섯 번째 이야기
먹기 70

여섯 번째 이야기
느끼기 88

일곱 번째 이야기
뇌 104

별난 이야기 122

우리 몸에 대한 질문 124

찾아보기 126

THE CHILDREN'S BOOK OF THE BODY
written by Anna Sandeman; illustrated by Ian Thompson.
Copyright ⓒ Aladdin Books 1996.
All rights reserved.
Designed and produced by Aladdin Books Ltd.
28 Percy Street London W1P 0LD.
Translation rights ⓒ 2001 by Seung San Publishers.
Korean Language Edition published by arrangement with
Aladdin Books Limited, London through THE agency, Seoul.

이 책의 한국어판 저작권은 더 에이전시를 통해
알라딘 북스와의 독점 계약으로 도서출판 승산에 있습니다.
저작권법에 의해 한국 내에서 보호를 받는 저작물이므로
무단 전재와 무단 복제를 금합니다.

우리 몸속 이야기
1판 1쇄 펴냄 2001년 10월 17일
1판 12쇄 펴냄 2012년 5월 12일
지은이 • 애너 샌더먼
그린이 • 이언 톰슨
옮긴이 • 승영조
펴낸이 • 황승기
마케팅 • 송선경
펴낸곳 • 도서출판 승산
등록번호 • 제 16-1639  등록일자 • 1998. 4. 2
주 소 • 서울특별시 강남구 역삼동 723번지 혜성빌딩 402호
전 화 • 02)568-6111  팩 스 • 02)568-6118
이메일 • books@seungsan.com  웹사이트 • www.seungsan.com
ISBN • 978-89-88907-20-7  73470

# 우리의 몸

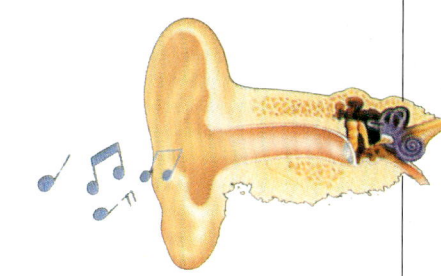

우리 몸속에서 무슨 일이 일어나고 있는지 궁금한 적이 있나요?
우리는 날마다 먹고, 자고, 숨을 쉬고, 이리저리 움직이고, 보고, 듣고, 온갖 것을 느껴요. 그러는 동안 몸속에서는 무슨 일이 일어나고 있는 걸까요? 우리 몸이 그토록 많은 일들을 어떻게 다 할 수가 있는 걸까요?
이 책을 보면 우리 몸속이 어떻게 생겼고 몸속에서 무슨 일이 일어나고 있는지 환히 알게 될 거예요.

땀이 왜 날까? 운동할 때 심장이 왜 더 빨리 뛸까? 뼈가 부러지면 어떻게 될까?
왜 기침이 날까? 그밖에도 궁금한 온갖 것에 대한 답을 알게 될 거예요.
그런데 어린이와 어른이 처음 피아노를 배우기 시작하면 누가 더
피아노를 잘 칠 수 있을까? 답은 어린이! 정말? 왜 그럴까?
이 책에 답이 있어요. 뭐든 어릴 때부터 배워야 커서도
아주 잘 할 수가 있답니다.
자, 그럼 슬슬 우리 몸속 여행을 떠나볼까요?

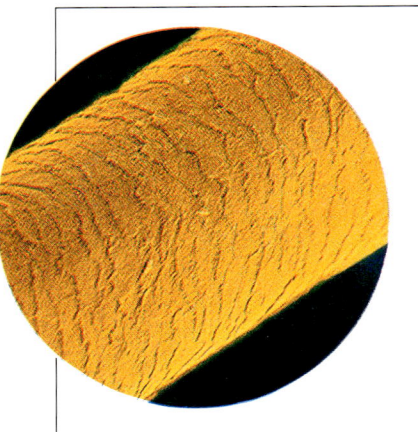

# 살갗과 털

살갗 ● 6

바깥살갗 ● 8

안쪽살갗 ● 10

털 ● 12

털은 어떻게 자랄까? ● 14

이런 털 저런 털 ● 16

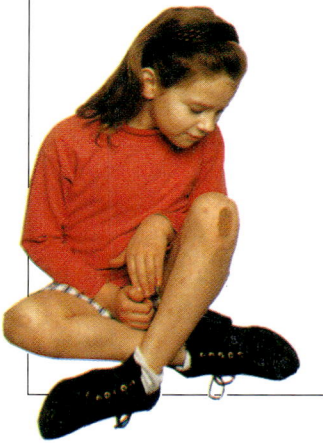

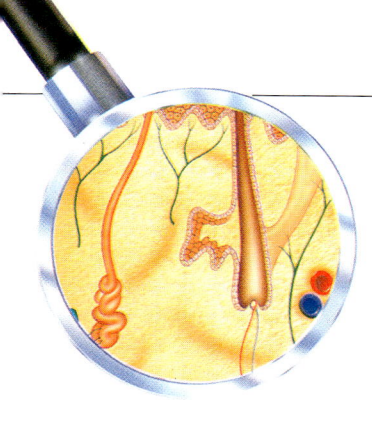

# 머리말

우리 몸은 부드럽고 무른 살갗으로 둘러싸여 있어요.
살갗이 한자말로는 피부. 가죽 피(皮) 살갗 부(膚).
가죽 살갗이 없으면 먼지와 세균이 몸속으로
꾸역꾸역 밀려들 테고, 상처를 입기도 쉬울 거예요.
그런데 살갗에는 털이 나 있죠? 사람은 짐승들처럼
털옷을 입고 있지 않지만, 털은 몸을 따뜻하게
해줘요. 바깥세상의 위험으로부터 우리를
맨 처음 지켜주는 것이 바로 살갗과 털이랍니다.

# 살갗

우리 몸을 종류별로 나누었을 때 가장 많은 것은? 바로 살갗! 살갗을 쫙 펼치면 두 사람이 너끈히 덮을 수 있는 홑이불 넓이만큼 되지요.

살갗은 대부분 두께가 2밀리미터쯤 된답니다. 하지만 눈꺼풀 살갗은 1밀리미터도 안 돼요. 손바닥과 발바닥 살갗은? 약 4.5밀리미터! 왜 그렇게 두꺼울까? 그야 물론 험하게 쓸 일이 많으니까 그렇지요.

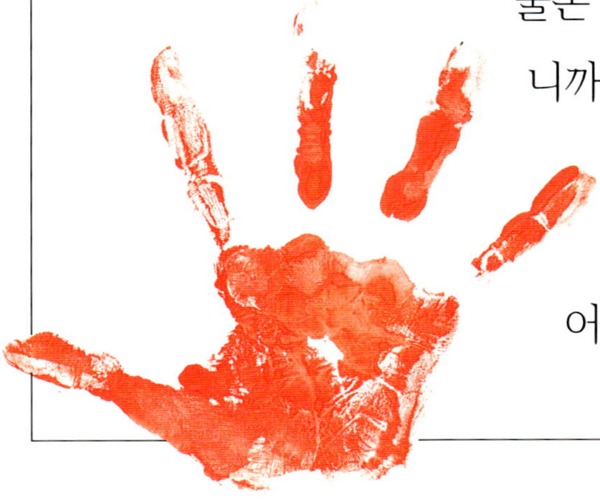

갓난아기의 몸에 꼭 맞는 살갗이 어른한테도 꼭 맞다!

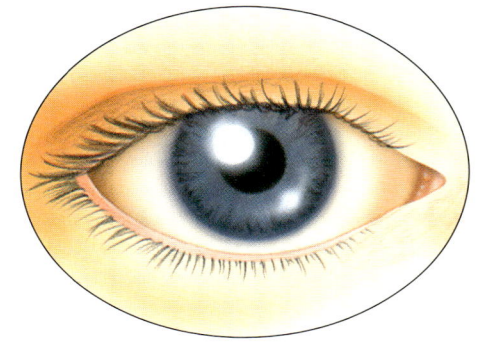

살갗이 우리와 함께 자라는 것을 당연하게 생각하나요?
하지만 뱀은 살갗이 자라지 않아요. 그래서 가끔
허물을 벗어야 한답니다. 사람은 스물
다섯 살쯤 먹으면 살갗이 탄력을
잃기 시작해요.
나이가 많이 들면 주름이 잡히고
살갗이 축 늘어지죠.

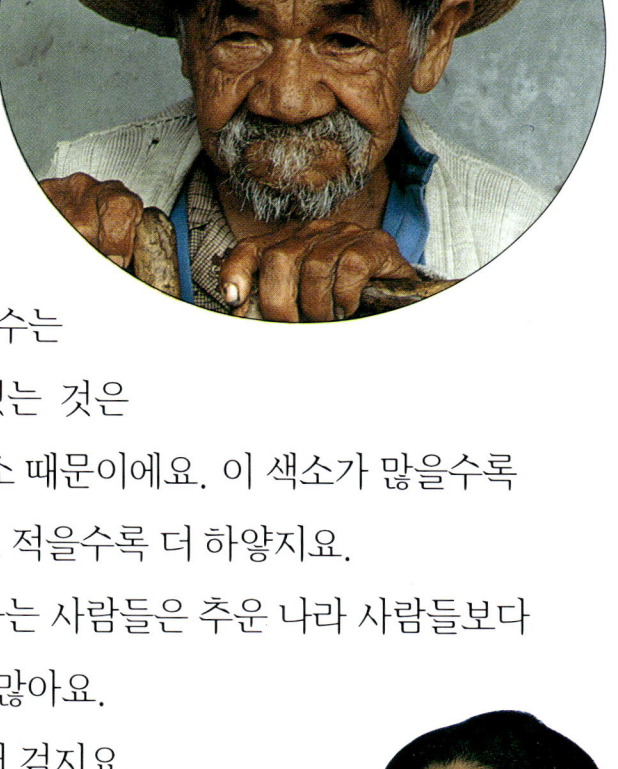

살갗의 색깔은 평생 거의 변하지 않는
답니다. 햇볕에 타서 조금 검어질 수는
있지만 살갗에 색깔이 있는 것은
멜라닌이라는 색소 때문이에요. 이 색소가 많을수록
살갗이 더 검고, 적을수록 더 하얗지요.
무더운 나라에 사는 사람들은 추운 나라 사람들보다
멜라닌 색소가 더 많아요.
그렇다면? 살갗이 더 검지요.
왜 그럴까요?
검은 살갗은 따가운 햇살을 막아주거든요.

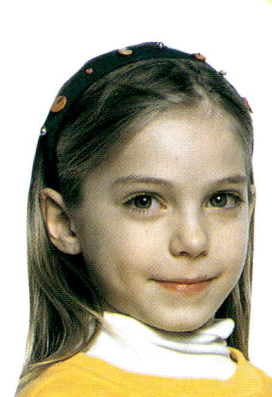

# 바깥살갗

우리의 살갗은 두 겹으로 되어 있어요. 바깥쪽 살갗을 외피라고 하는데, 바깥 외(外) 가죽 피(皮). 안쪽 살갗은 진피라고 하는데, 참 진(眞) 가죽 피(皮).
이 살갗은 물론 작은 세포로 이루어져 있어요.
외피의 밑바닥에서는 새로운 세포가 계속 만들어진답니다. 새로운 세포 때문에 묵은 세포는 위로 밀려가지요. 밀리면서 납작하게 눌리고, 마침내는 죽어서 좀더 단단한 가죽으로 바뀌고, 마지막에는? 몸에서 떨어져 나간답니다.

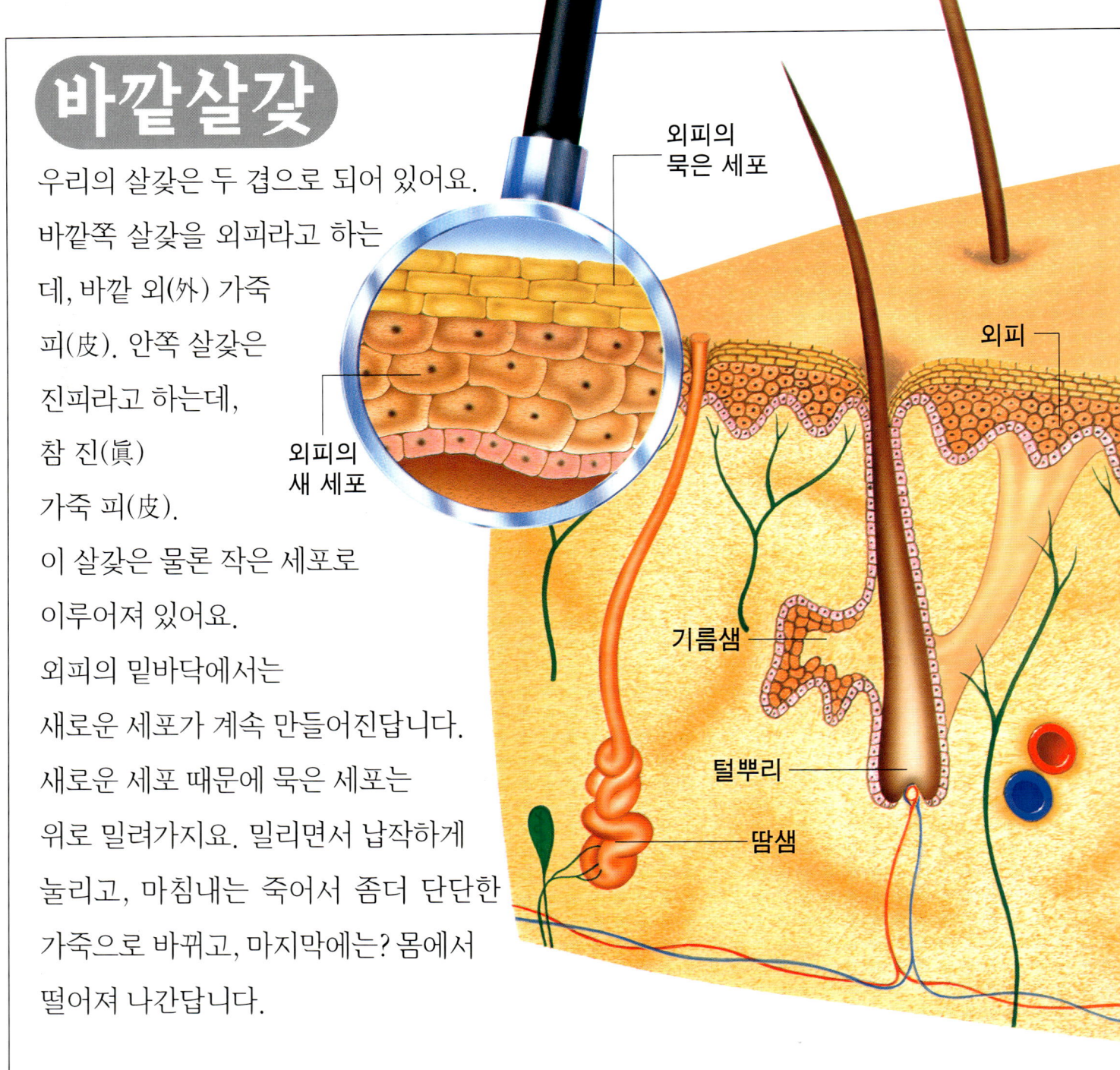

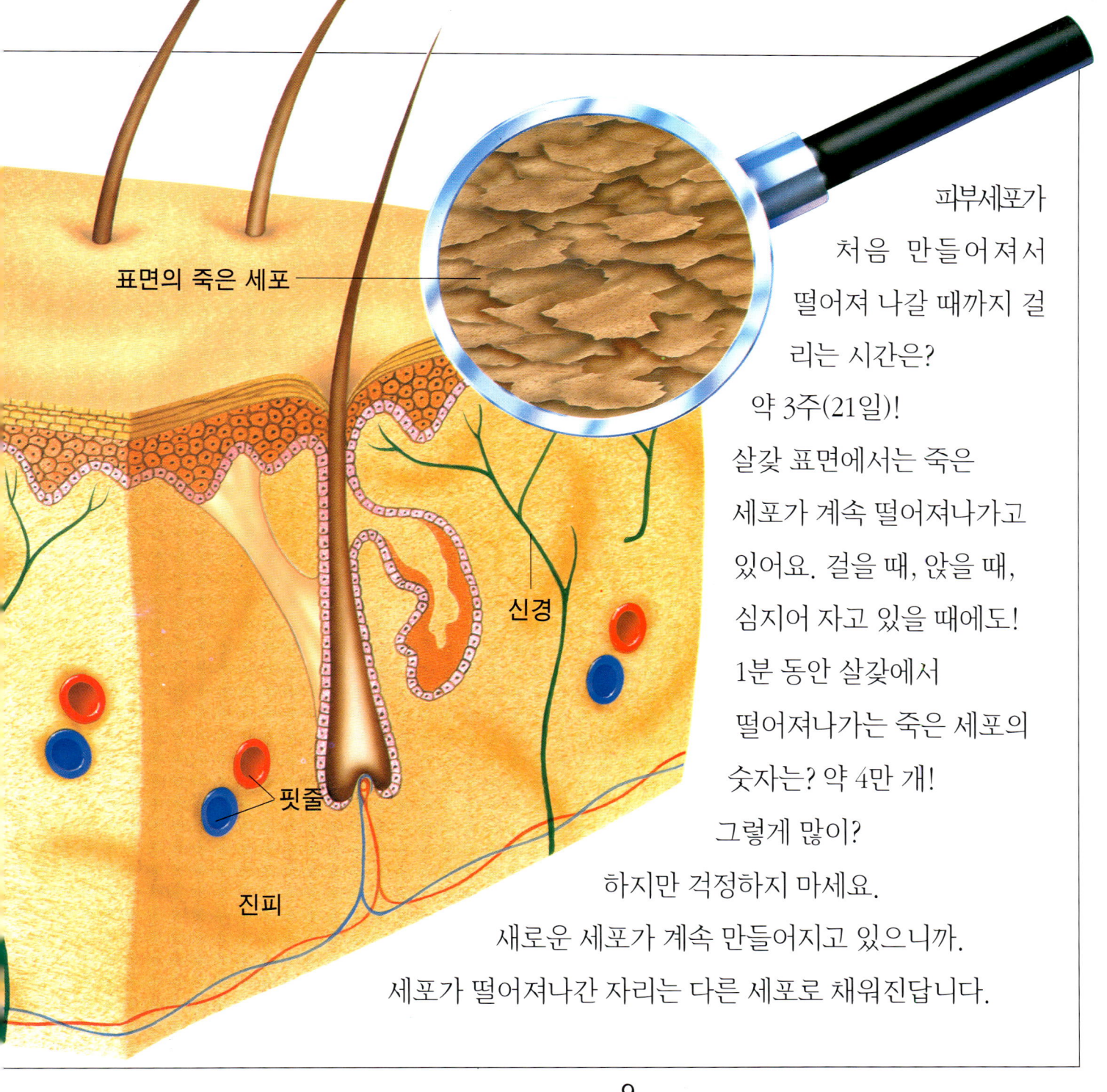

표면의 죽은 세포

신경

핏줄

진피

피부세포가 처음 만들어져서 떨어져 나갈 때까지 걸리는 시간은? 약 3주(21일)! 살갗 표면에서는 죽은 세포가 계속 떨어져나가고 있어요. 걸을 때, 앉을 때, 심지어 자고 있을 때에도! 1분 동안 살갗에서 떨어져나가는 죽은 세포의 숫자는? 약 4만 개! 그렇게 많이? 하지만 걱정하지 마세요. 새로운 세포가 계속 만들어지고 있으니까. 세포가 떨어져나간 자리는 다른 세포로 채워진답니다.

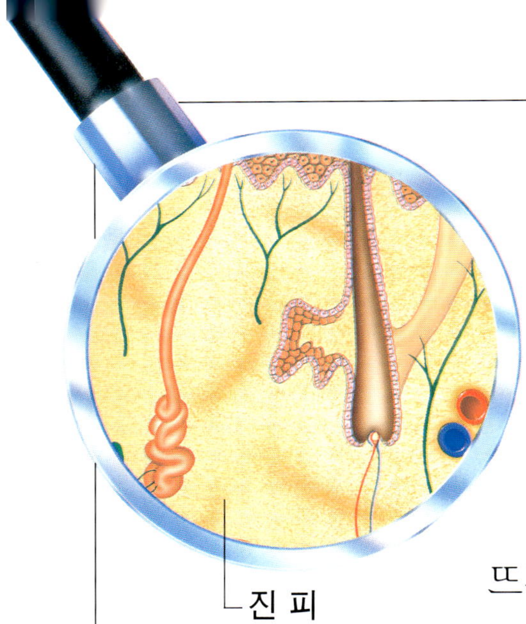

## 안쪽살갗

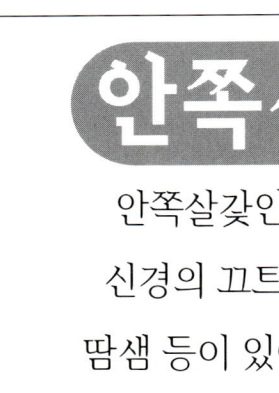
진피

안쪽살갗인 진피에는 신경의 끄트머리와 핏줄, 털뿌리, 땀샘 등이 있어요. 진피의 신경(말초신경)으로는 뜨겁고 차가움, 거칠고 부드러움을 느낄 수 있어요. 아픔도 느끼죠. 찔리고 눌리는 것도 느껴요. 살갗이 찔리면 말초신경이 위험 신호를 뇌로 보낸답니다. 그러면 얼른 움직여서 피하라고 뇌가 근육한테 명령을 내리지요. 진피의 핏줄과 털과 땀샘은 무슨 일을 할까? 서로 힘을 합쳐서 우리 몸이 너무 춥거나 너무 덥지 않도록 한답니다.

**초록 화살표는 신경 신호가 흐르는 방향을 가리킨다.**

 **더울 때**

 **추울 때**

핏줄이 굵어진다. 그래서 더운 핏줄이 피부 표면에 더 가까워져서 몸의 열을 밖으로 내보내기 쉬워진다. 숨차게 달릴 때 얼굴이 붉어지는 것도 그 때문.

핏줄이 가늘어진다. 그래서 몸의 열이 밖으로 많이 빠져나가지 못하게 한다.

털이 피부 표면에 납작 엎드린다. 그래서 따뜻한 공기가 털에 붙어 있지 못하도록 한다.

아주 작은 근육이 털을 일으켜 세운다. 그래서 털 사이에 따뜻한 공기를 잡아 가둔다. '소름'이 돋는 것도 이 근육이 털을 잡아당기기 때문.

땀샘을 통해 땀을 뻘뻘 흘린다. 그래서 몸의 열을 밖으로 내보낸다. 더울수록 땀을 많이 흘린다.

땀을 흘리지 않는다.

## 털

거의 모든 살갗에는 털이 나 있어요.

솜털과 굵은 털이 있는데, 가늘고 짧은 솜털은 거의 온몸을 덮고 있지요. 털이 나지 않은 곳은 어딜까? 손바닥, 발바닥, 입술.

머리와 눈썹에는 더 굵고 억센 털이 나 있어요. 머리에는 유난히 털이 많이 나 있는데, 머리털 숫자는 얼마나 될까? 10만 개 이상! 머리털은 한 달에 1.25센티미터쯤 자란답니다.

털은 3년쯤 계속 자라다가 3개월쯤 자라지 않고 푹 쉬어요. 그러다가 다시 계속 자라지요.

머리털을 자르지 않으면 1.5미터도 넘게 자랄 수 있어요. 완전히 다 자란 머리털은 빠지는데, 어른은 하루에 머리털이 100개쯤 빠져요.

어른 가운데 머리털이 듬성듬성한 사람도 있지요? 점점 더 듬성듬성 해지다가 마침내 대머리가 되기도 합니다.

확대한
털 모습

## 털은 어떻게 자랄까?

모든 털은 살갗의 진피에 있는 털뿌리에서 자라납니다.
털뿌리는 작은 털주머니(모낭) 안에 자리 잡고 있어요.
털 모(毛) 주머니 낭(囊). 모낭 아래쪽에서 자라는 세포들은 케라틴이라는 물질을 만듭니다.
케라틴이 만들어지면 털이 뿌리에서 모낭 밖으로 쑥쑥 자라지요. 피부 표면에 이르면 세포는 죽어요. 털뿌리만 살아 있는 세포이기 때문에 우리 눈에 보이는 털은 모두 죽은 세포랍니다. 머리털도 죽은 세포.

그런데 머리털이
반들반들하고 건강해
보이는 것은 왜일까?
그것은 기름샘 덕분이에요.

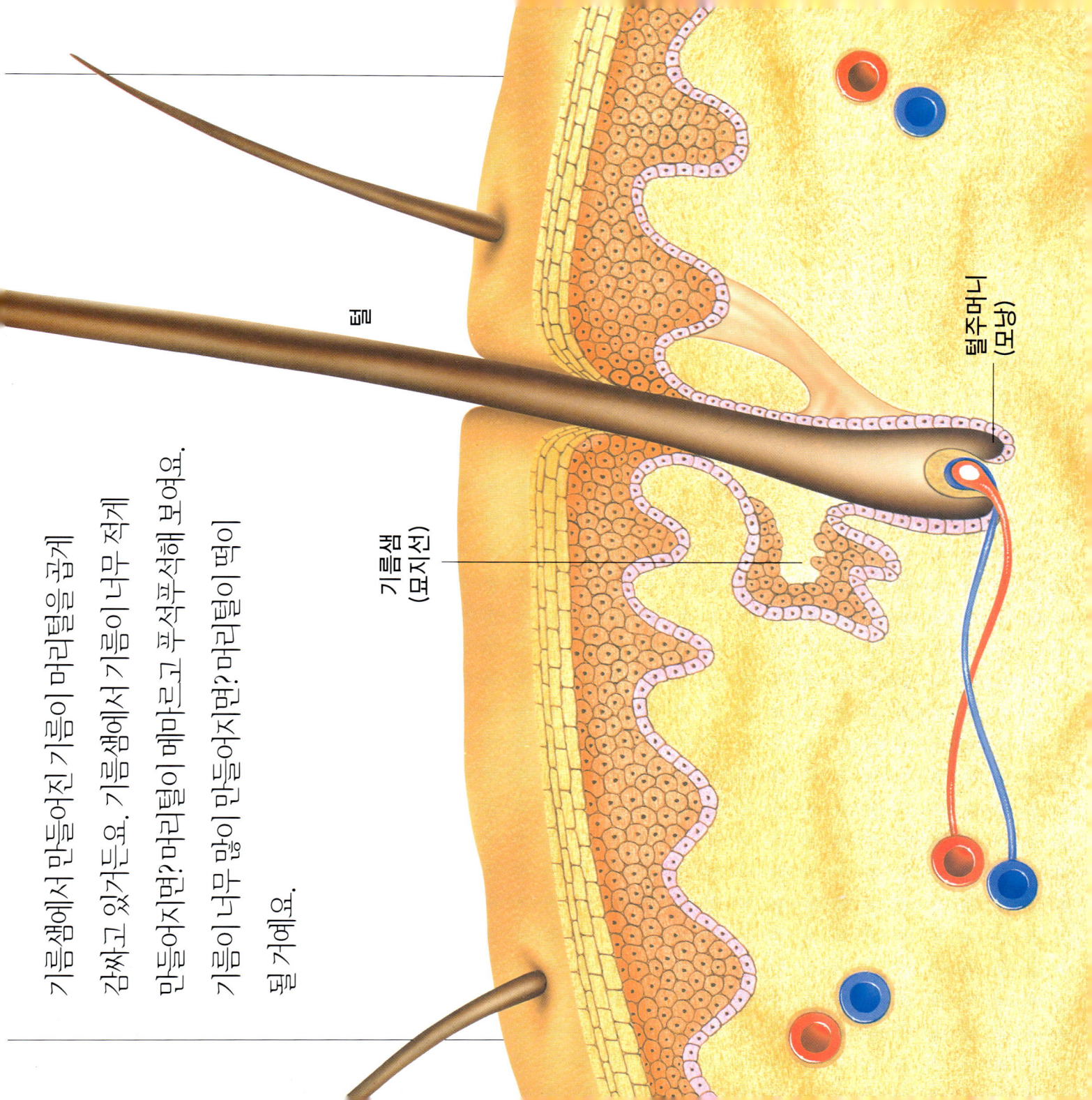

털

털주머니 (모낭)

기름샘 (피지선)

기름샘에서 만들어진 기름이 머리털을 굵게 감싸고 있거든요. 기름샘에서 기름이 너무 적게 만들어지면? 머리털이 메마르고 푸석푸석해 보여요. 기름이 너무 많이 만들어지면? 머리털이 떡이 질 거예요.

갈색, 흑색, 금색, 빨간색일 수도 있고, 이런 여러 색들이 섞인 색깔일 수도 있어요. 피부색에 따라 머리털 색깔이 달라지기도 한답니다.

지구인이 모두 15명이라면, 머리털 색깔이 6명은 갈색, 4명은 흑색, 3명은 금색, 2명은 빨간 색! 지구인이 15억 명이라면?

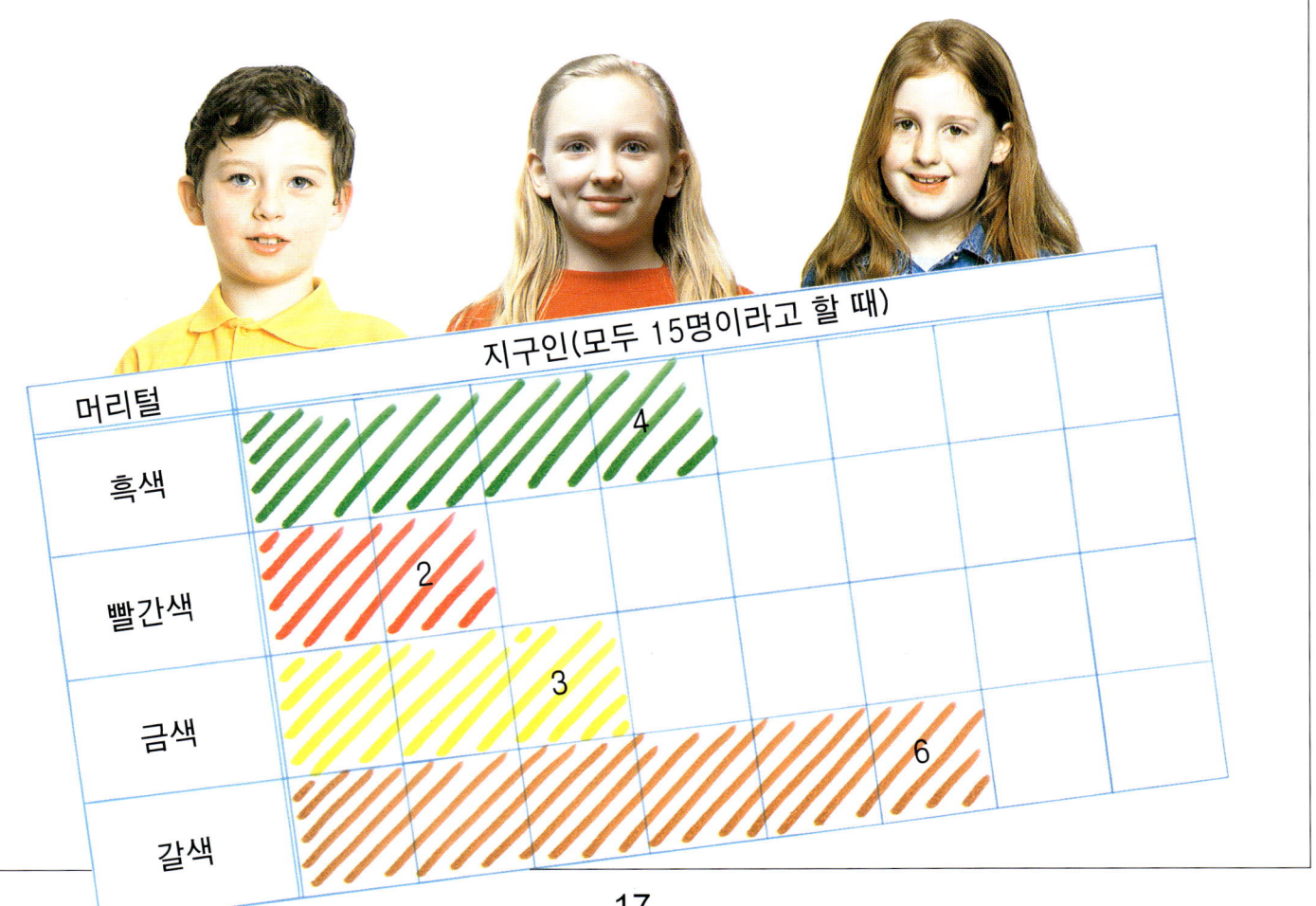

## 두 번째 이야기

# 뼈

뼈는 살아 있다! • 20

사람의 뼈대 • 22

등뼈 • 24

머리뼈 • 26

손가락, 손, 팔 • 28

다리, 발, 발가락 • 30

관절 • 32

부러진 뼈 • 34

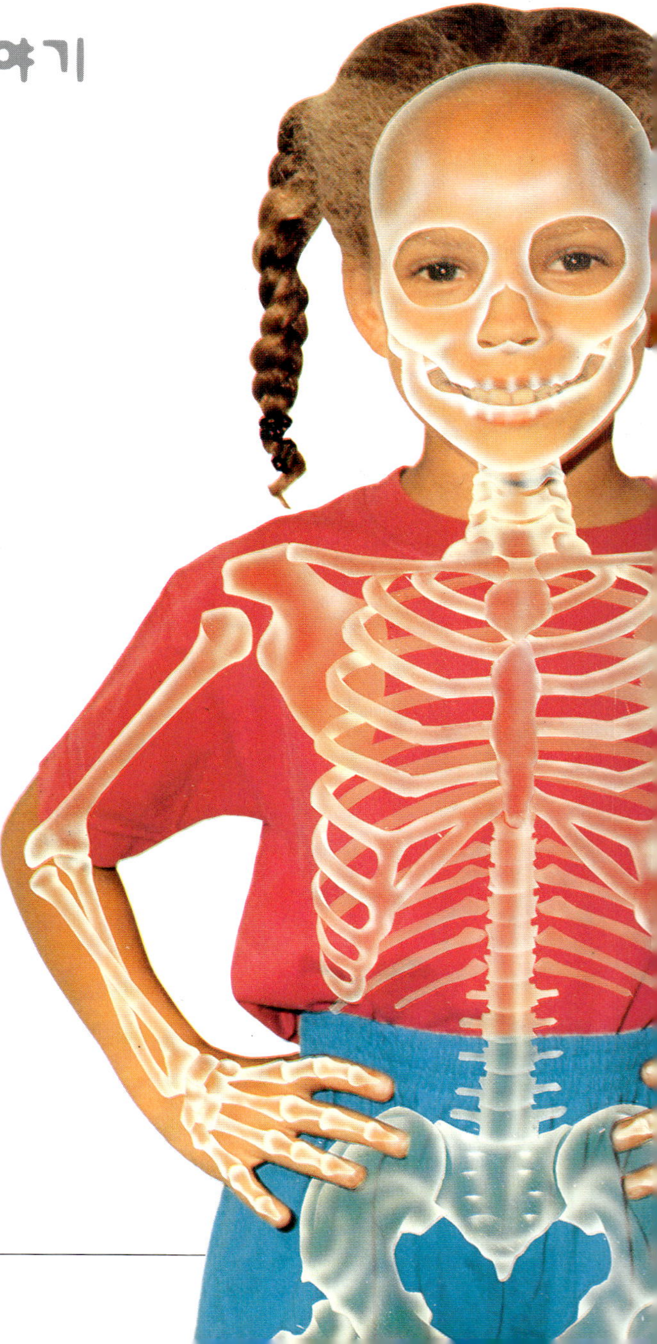

# 머리말

　사람들의 생김새를 살펴보세요. 크게 보면 몸뚱이 생김새는 다들 똑 같아요. 두 팔, 두 다리, 머리 하나, 몸통 하나. 이런 생김새가 밀가루 반죽처럼 뭉뚱그려지거나 납작해지지 않는 이유는 뭘까요? 바로 뼈대 때문이랍니다. 몸속에 딱딱한 뼈대가 들어 있어서 몸뚱이 모양을 잡아주고 있지요. 뼈대는 아주 튼튼하지만 아주 가벼워요.
뼈에는 마디가 있어서 이리저리 움직일 수도 있고, 팔다리를 폈다 구부렸다 할 수도 있지요.

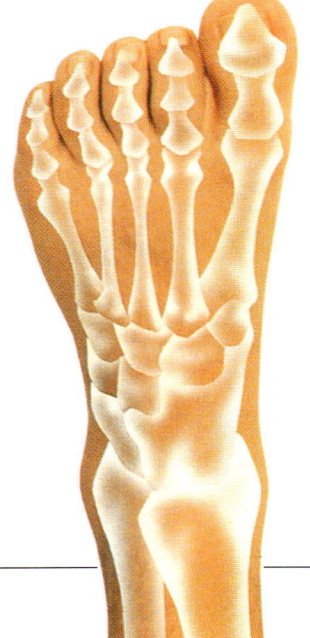

## 뼈는 살아 있다!

뼈가 그저 딱딱하고 메마른 막대 같다고만 생각하는 사람이 많아요. 하지만 뼈도 살아 있어요!
뼈는 자라기도 하고 변하기도 해요.
우리 몸속에서 뼈가 싹 사라져버린다면?
몸뚱이가 철퍼덕 주저앉겠지요.
뼈는 크게 세 부분으로
이루어져 있어요.

**이 뼈대는 천 년도 더 된 것이다. 여러분의 뼈는 물론 이런 모양이 아니다.**

뼈의 겉 부분은 매끄럽고 딱딱하고 치밀해요. 속 부분은? 생긴 게 스펀지(해면) 같아요! 그래서 겉뼈보다 가볍지만, 딱딱하고 튼튼하기는 마찬가지랍니다.

— 골수

— 겉뼈(치밀질)

속뼈(해면질)

많은 뼈들의 안쪽에는 또 말랑말랑한 젤리 같은 게 담겨 있어요.
한자말로 그것을 골수라고 해요.
뼈 골(骨) 골 수(髓).
뼛골 빠지게
고생했다는 말을

들어봤나요?
이 뼛골이 바로 골수랍니다. 대부분의 피가 만들어지는 곳이 바로 골수! 뼛속의 뼛골이 피 공장!

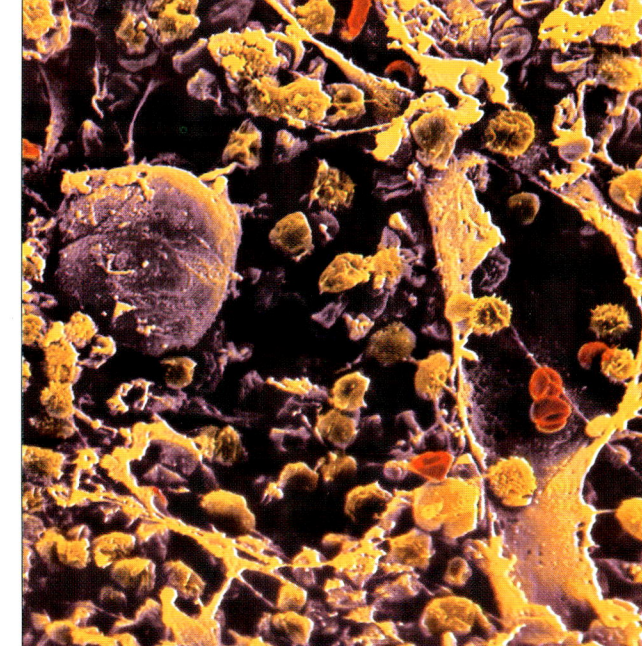

골수를 확대한 그림 속에 새로 만들어진 피 세포가 보인다.

# 사람의 뼈

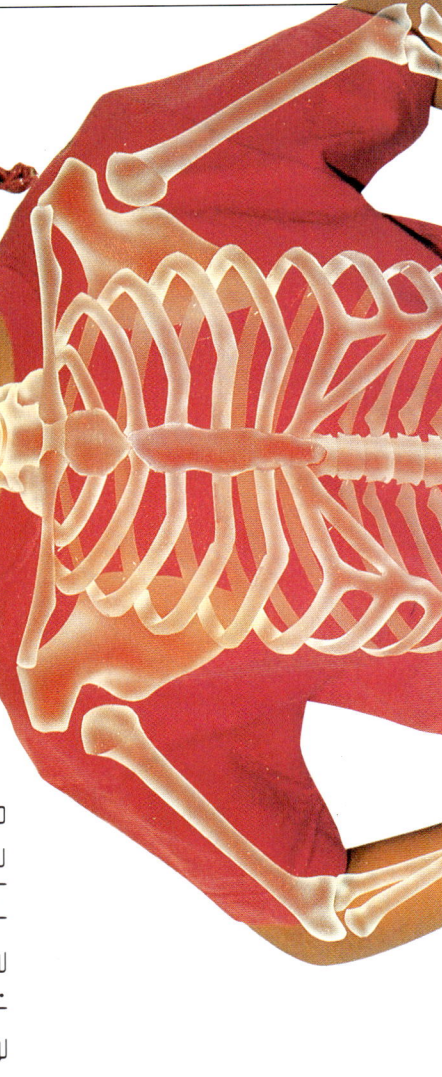

갓난아기의 뼈는 모두 몇 개일까? 약 300개. 이 뼈는 딱딱하지 않고 부드러워요. 아기의 뼈는 대부분 물렁뼈! 물렁뼈를 한자 말로는 연골이라고 해요. 부드러울 연(軟) 뼈 골(骨). 아기가 자랄 때 물렁뼈가 자라면서 딱딱해져요. 다 자란 어른의 뼈는 모두 몇 개일까? 약 200개! 어라? 100개는 어디로 갔지? 없어졌나? 100개는 자라면서 다른 뼈와 찰싹 붙어버린답니다.

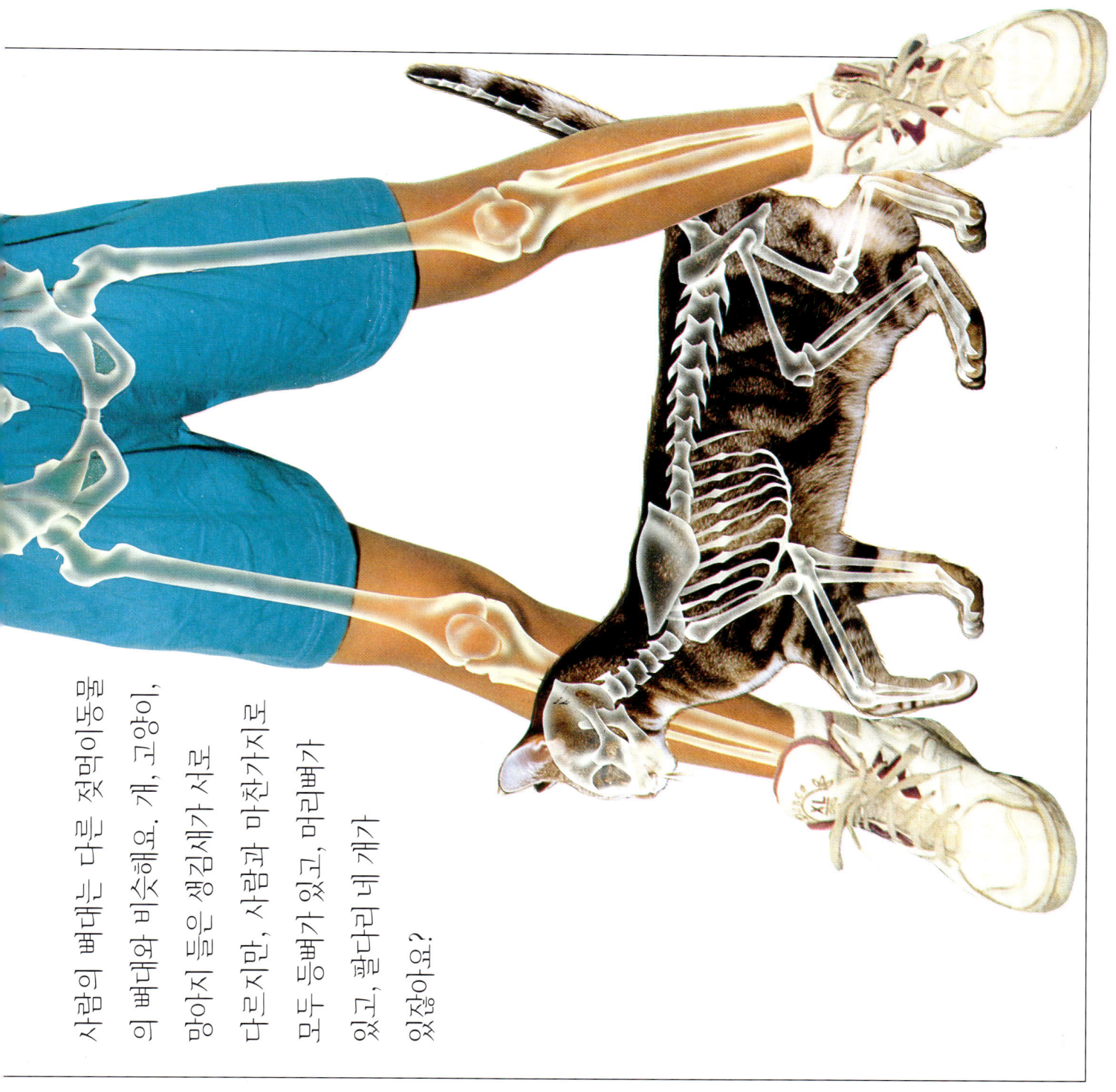

사람의 뼈대는 다른 젖먹이동물의 뼈대와 비슷해요. 개, 고양이, 망아지 들은 생김새가 서로 다르지만, 사람과 마찬가지로 모두 등뼈가 있고, 머리뼈가 있고, 팔다리 네 개가 있잖아요?

# 등뼈

등뼈를 만져보세요. 매끌매끌하지 않고 울퉁불퉁하지요?
그건 등뼈가 하나로 된 기다란 뼈가 아니기 때문이에요.
여러 개의 작은 뼈가 사슬처럼 이어져 있지요.
등뼈(척추)의 작은 뼈는 추골이라고 해요. 척추 추(椎) 뼈 골(骨).

허리를 구부렸다 폈다 비틀었다 할 수가 있는 것도 추골!
여러 개가 사슬처럼 이어져 있기 때문이에요.
추골 사이에는 말랑말랑한 연골이 끼어 있어요.

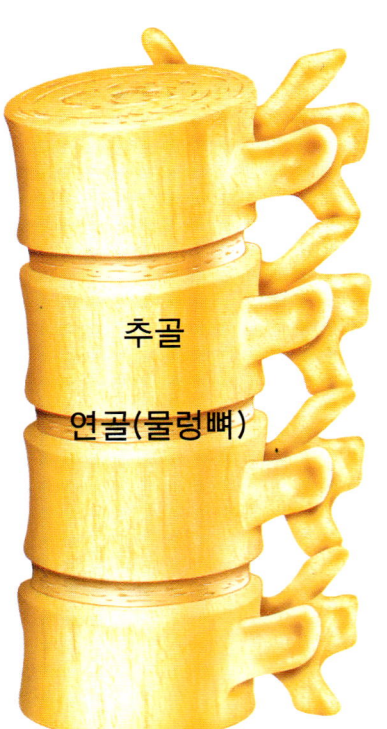

추골
연골(물렁뼈)

이건 아주 작은 방석 같아서 추골이 서로 부딪쳐 빠드득거리지 않도록 해준답니다. 이 연골 이름은 디스크.
윗부분 등뼈에서 앞쪽으로 둥글게 활처럼 휘어진 뼈가 보이나요? 이게 바로 갈비뼈.

갈비뼈는 열두 쌍인데, 열 쌍은 앞쪽에서 서로 붙어 있어요. 이 갈비뼈는 심장과 허파가 다치지 않도록 든든히 감싸주고 있지요.

# 머리뼈

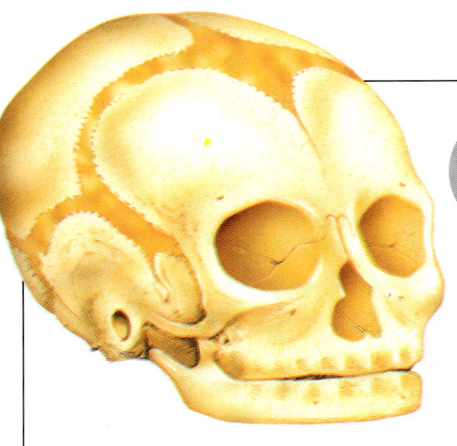

아기의 머리뼈

머리뼈는 한자말로 두개골.
머리 두(頭) 덮을 개(蓋)
뼈 골(骨). 머리를 덮고 있는
뼈가 두개골인데, 뇌를 잘
감싸서 보호해주고 있어요.

두개골은 30개쯤의 뼈가 헬멧(투구) 모양으로
서로 붙어 있지요.

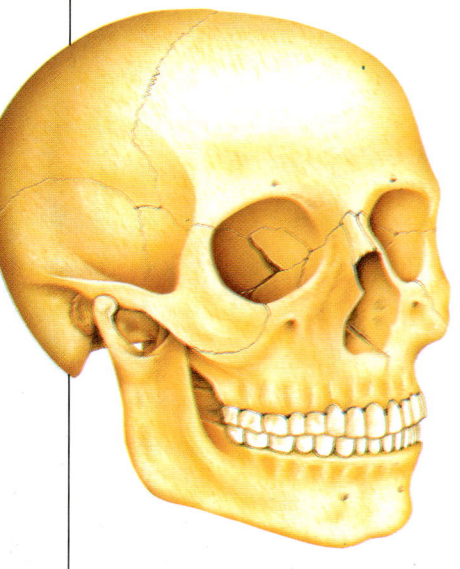

어른의 머리뼈

갓난아기는 한 1년 동안
두개골에 틈이 벌어져 있어요.
엄마 몸에서 태어날 때는
그 틈이 오므라져서 달라붙거나
두개골 뼈들이 서로 겹치기도
한답니다.

머리뼈는 여러 조각의
뼈로 이루어져 있다.

엄마 몸에서 빠져나오는 길이 워낙 좁으니까! 그렇게 오므라지거나 겹치면 머리가 작아져서 좀더 쉽게 빠져나올 수 있으니까.

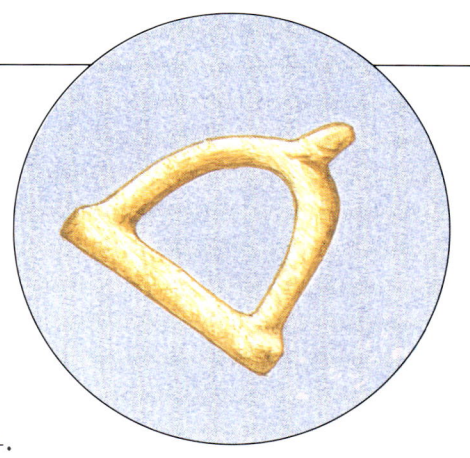

등자뼈

얼굴 쪽 뼈는 눈과 귀를 보호해줘요. 이마와 볼 뼈는 두 눈망울을 감싸주지요. 오밀조밀한 귓속도 두개골 속에 숨겨져 있어요. 사람의 뼈 가운데 가장 작은 뼈가 바로 귓속에 있답니다. 등자뼈가 바로 그것인데, 말에 올라타서 발을 걸치는 곳을 등자라고 한답니다. 이 등자뼈의 길이는 얼마나 될까? 쌀 한 톨의 반 길이 (2밀리미터 정도)!

머리뼈 가운데 움직일 수 있는 것은 아래턱뼈밖에 없어요. 그런데 이빨은 뼈라고 하지 않아요. 질이 틀리거든요. 여러분은 이빨이 몇 개인가요? 어른은?

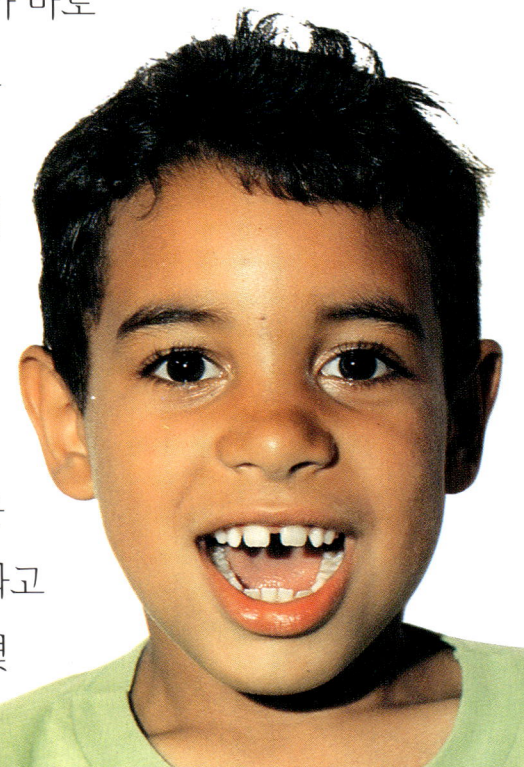

## 손가락, 손, 팔

손으로 이름을 써 보세요. 어렵지 않지요? 세상에 사람처럼 손이 섬세한 동물은 없어요. 손에는 27개의 뼈가 있답니다. 엄지손가락뼈는 두 개, 다른 손가락뼈는 세 개. 손가락뼈가 있어서 연필을 감싸 쥘 수 있지요.

그런데 엄지를 빼고 다른 손가락으로만 글씨를 써 보세요. 잘 안 되죠? 겉보기엔 엄지가 둔한 것 같지만 손가락 가운데 으뜸이랍니다. 최고! 손가락으로 공중에 그림을 그려보세요. 이제 팔을 쭉~ 뻗고 원을 그려보세요. 손목이 휙휙 아주 잘 돌아가고 위아래로도 잘 움직이지요? 이렇게 원하는 대로 손을 척척 움직일 수 있는 것은 손목과 그 아래쪽의 뼈 여덟 개 덕분이랍니다.

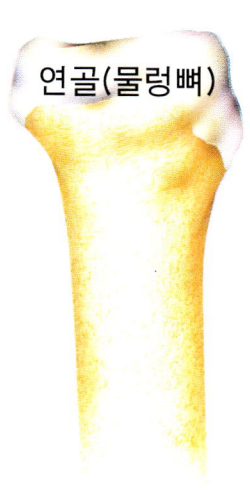
연골(물렁뼈)

등뼈에 어깨뼈와 빗장뼈가 붙어 있고
이 뼈에 팔뼈가 연결되어 있어요.
팔뼈는 몇 개일까?
팔꿈치 위쪽에 하나, 아래쪽에는
두 개가 있지요.

팔뼈와 다리뼈의 끝에는 모두
연골이 붙어 있답니다.
이 연골이 자라서 새로운 뼈가
되지요. 그래서 팔과 다리가
길게 자랄 수 있어요.

빗장뼈
어깨뼈

# 다리, 발, 발가락

다리뼈는 골반을 사이에 두고 등뼈와 연결되어 있어요.
골반은 뼈 골(骨) 세숫대야 반(盤). 세숫대야처럼 생긴 게 골반이랍니다.

팔뼈처럼 다리뼈도 세 개. 무릎 위쪽에 하나, 아래쪽에는 둘. 넓적다리뼈는 우리 몸에서 가장 긴 뼈랍니다. 제 키의 4분의 1 길이나 되지요.

다리뼈는 온몸을 받쳐줘야 하니까 아주 튼튼해요. 팔뼈처럼 다리뼈도 양쪽 끝이 가운데보다 두툼해요. 양쪽 끝은 다른 뼈와 연결되는 곳이니까 특히 튼튼할 필요가 있거든요.
손뼈는 27개인데 발뼈는?

팔뼈

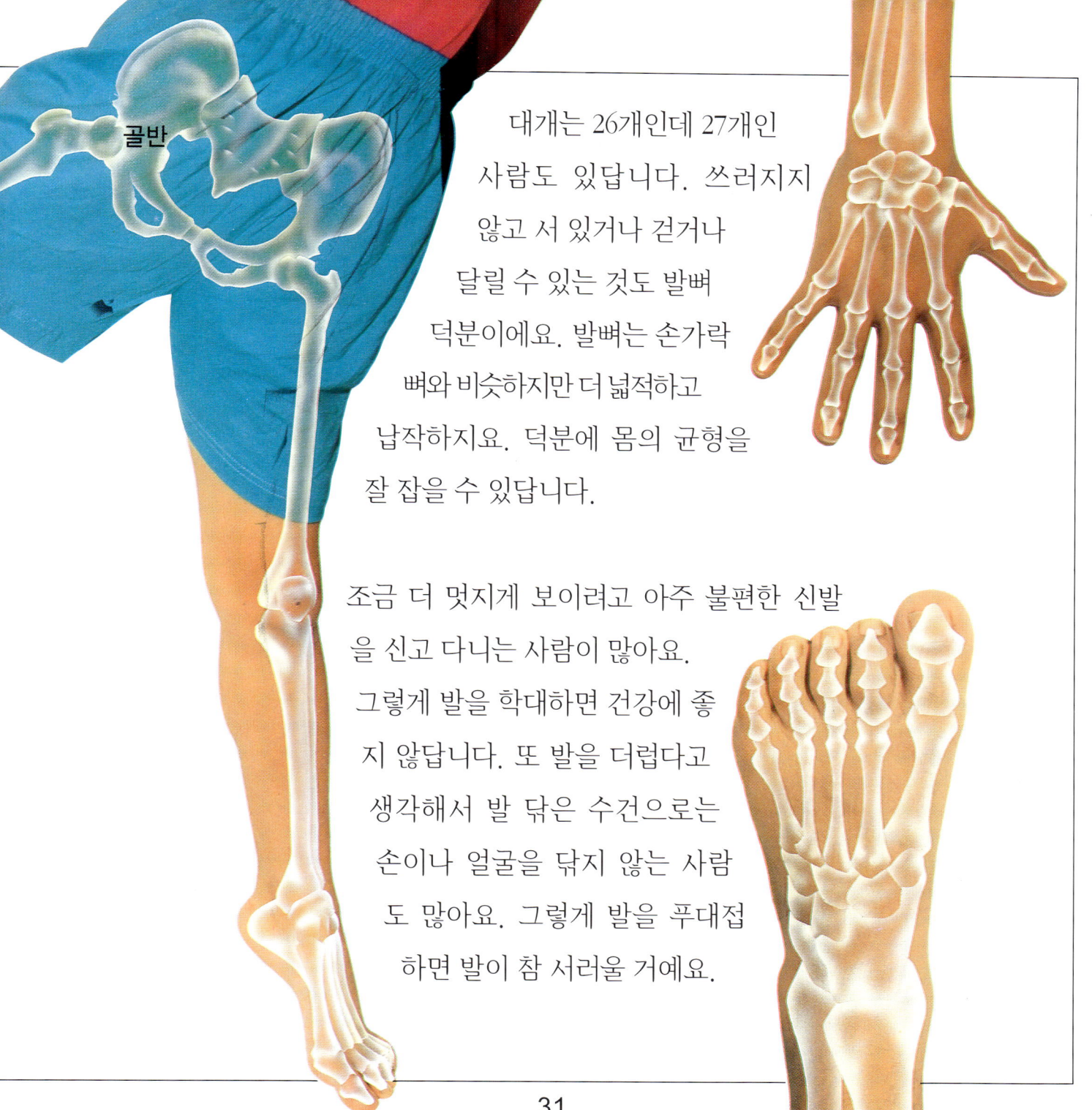

골반

대개는 26개인데 27개인 사람도 있답니다. 쓰러지지 않고 서 있거나 걷거나 달릴 수 있는 것도 발뼈 덕분이에요. 발뼈는 손가락 뼈와 비슷하지만 더 넓적하고 납작하지요. 덕분에 몸의 균형을 잘 잡을 수 있답니다.

조금 더 멋지게 보이려고 아주 불편한 신발을 신고 다니는 사람이 많아요. 그렇게 발을 학대하면 건강에 좋지 않답니다. 또 발을 더럽다고 생각해서 발 닦은 수건으로는 손이나 얼굴을 닦지 않는 사람도 많아요. 그렇게 발을 푸대접 하면 발이 참 서러울 거예요.

## 관절

두 뼈가 서로 만나는 뼈마디를 관절이라고 해요. 맞닿을 관(關) 마디 절(節). 관절은 딱 달라붙어버린 곳도 있지만 움직일 수 있는 곳이 많아요. 두개골 관절은 서로 붙어 있어서 움직일 수 없지만, 움직이는 관절들 덕분에 몸을 구부리고 비틀고 돌릴 수가 있지요.

움직이는 관절은 크게 두 가지로 나눌 수 있어요. 경첩 관절과 공 모양 관절. 팔꿈치와 무릎은 경첩 관절인데, 문기둥과 문짝을 연결시켜 놓은 쇠를 경첩이라고해요. 이 관절은 문이 여닫히듯 한 방향으로만 움직일 수 있답니다.

경첩 관절

손가락과 발가락 뼈 사이에도 경첩 관절이 있어요. 공 모양 관절은 모든 방향으로 움직일 수 있답니다. 어깨관절과 고관절(골반과 넓적다리뼈 사이 관절)이 그래요. 한쪽 뼈마디는 공 같고 다른 쪽 뼈마디는 오목해서 이 공을 감싸고 있지요.

공 모양 관절(구상관절)

뼈마디 사이에는 기름(윤활액)이 발라져 있어서 관절이 매끄럽게 움직일 수 있어요. 뼈마디에는 또 인대가 붙어 있어요.
질길 인(靭) 띠 대(帶).
두 뼈가 서로 떨어지는 일이 없는것도 인대덕분이지요.

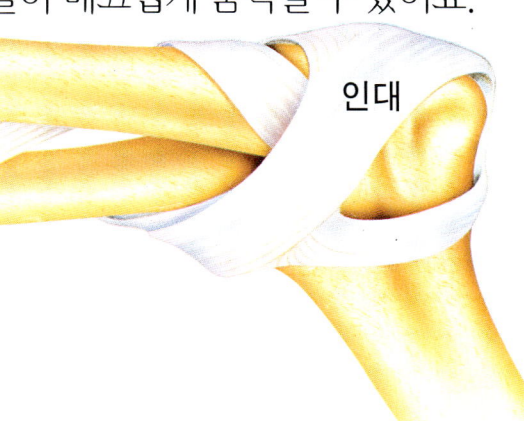

인대

## 부러진 뼈

건강한 뼈는 아주 튼튼해요. 하지만 아주 세게 부딪쳐서 동강날 수도 있고, 관절이 엉뚱한 방향으로 엇갈려서 인대가 늘어날 수도 있어요.

금이 간 뼈

뼈가 꺾이는 것은 한자말로 골절. 뼈 골(骨) 꺾일 절(折). 골절에는 여러 가지가 있는데, 뼈에 금이 가는 것이 가장 가벼운 골절이에요. 두개골이 움푹 들어가 버리는 골절도 있고, 두 동강이 나는 골절, 살갗 밖으로 뼈가 튀어나올 정도로 심하게 부러지는 골절도 있어요.

두 동강이 난 뼈

엑스레이(X선) 촬영을 하면 뼈가 부러진 모습을 환히 들여다볼 수 있답니다.

심한 골절

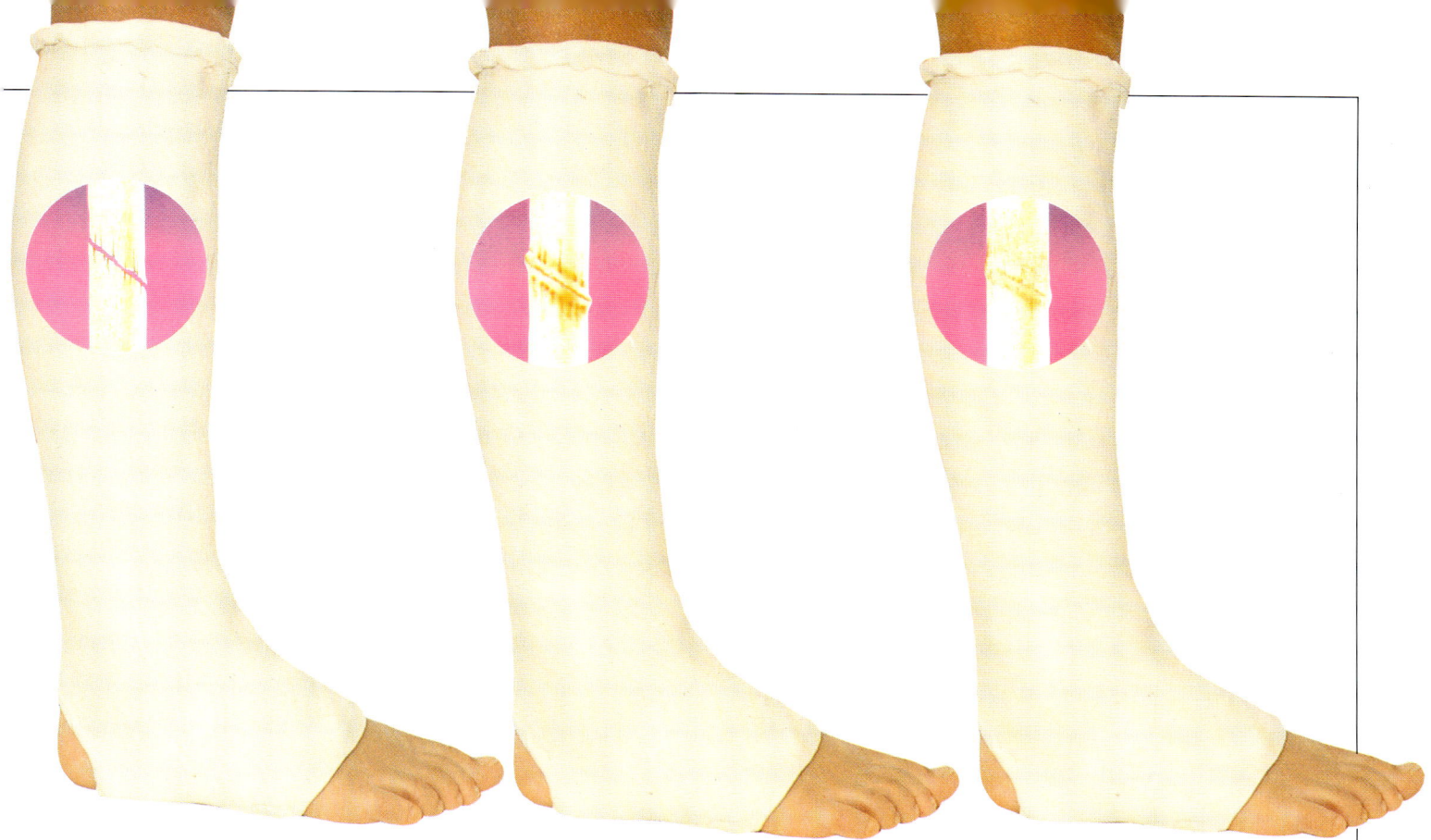

부러진 뼈는 제 자리에 대놓기만 하면 저절로 달라붙는답니다. 먼저 핏덩이가 부러진 자리의 빈곳을 메워요. 그리고 부러진 곳 양쪽에서 뼈세포가 자라기 시작해요.
그런 뒤에 양쪽에 새로 생긴 뼈세포가 다가가서 서로 철썩 달라붙지요.
그러자면 먼저 깁스를 해서 뼈가 제 자리 놓여 있도록 해야 해요.
부러진 뼈가 달라붙는 데 걸리는 시간은? 석 달쯤!

# 피

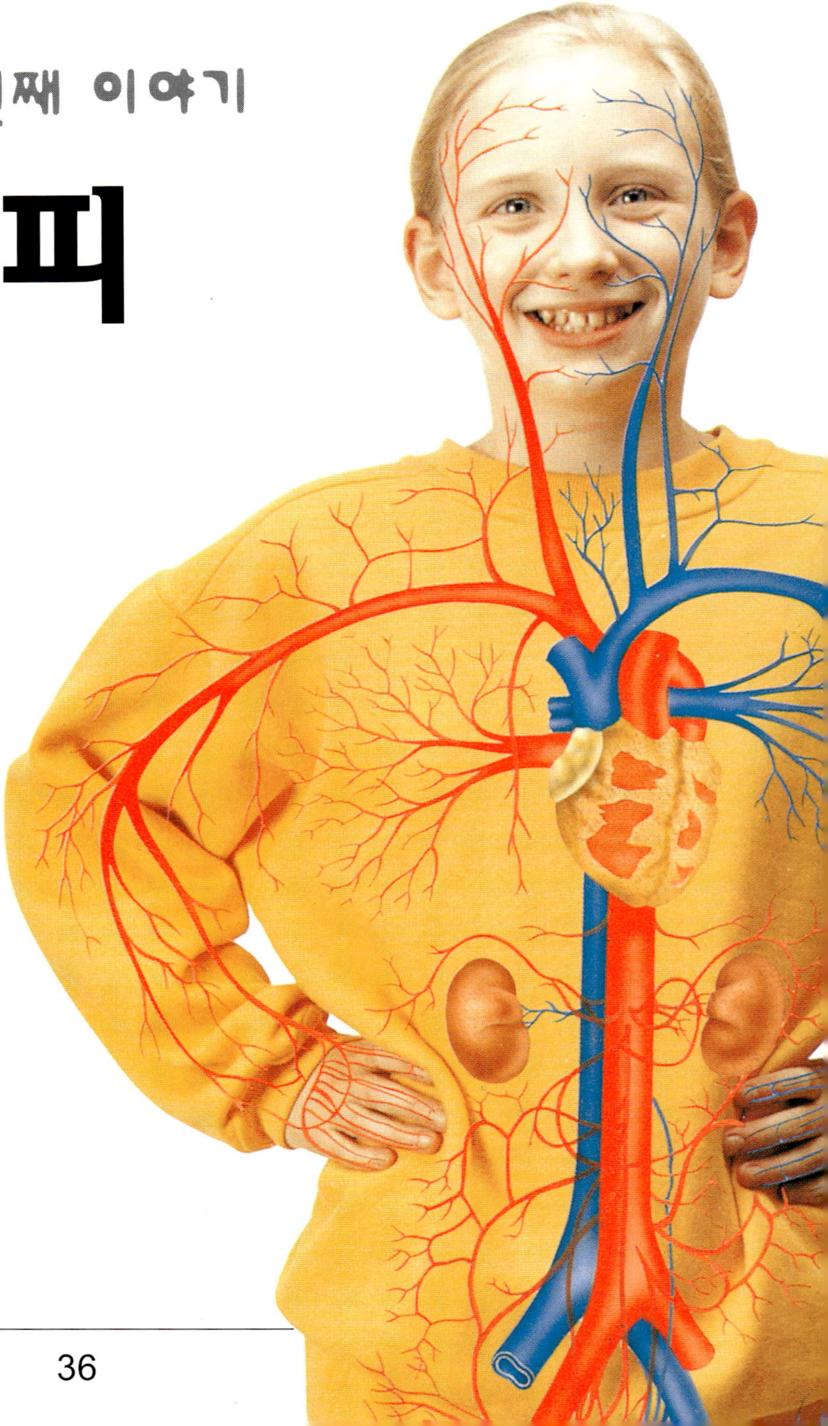

그렇게 많은 피가? ● 38

피가 하는 일 ● 40

피 세포 ● 42

상처와 멍 ● 44

심장 속 모습 ● 46

핏줄 ● 48

정맥 ● 50

심장이 두근두근 ● 52

# 머리말

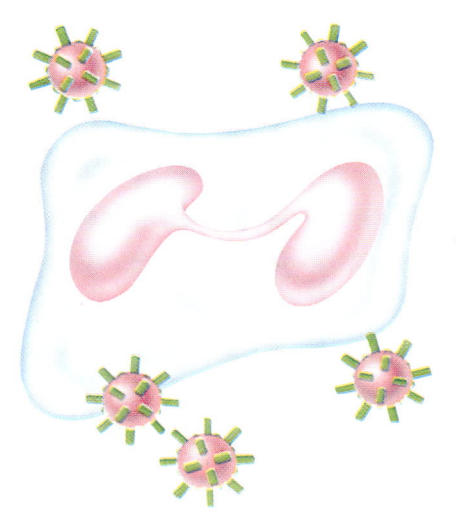

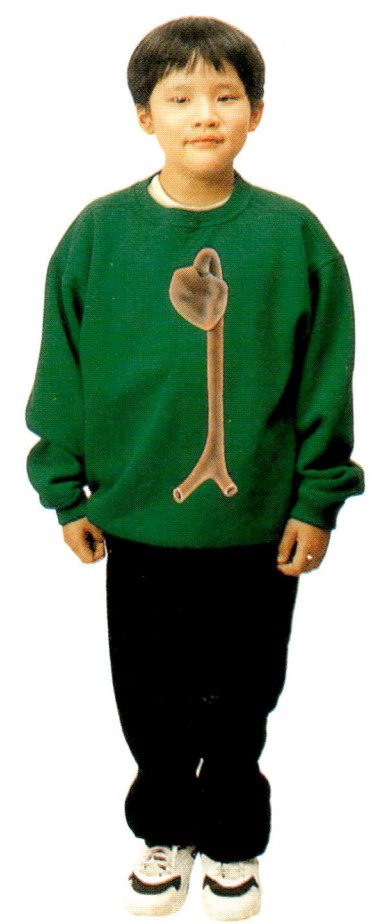

피는 온몸 구석구석까지 흘러 다녀요.
피는 산소와 영양분을 온몸의 세포에 골고루
나누어주고, 세포가 원치 않는 찌꺼기를
치워준답니다. 몸속에 들어온 세균이나
독을 없애주기도 해요. 독을 걸러내고,
세균을 죽이거나 먹어치워 버리는 거죠.
살갗이 베이면 빨간 피가 흘러나와요.
하지만 피는 계속 흘러나오지 않도록 단단하게
굳어버리는 성질도 가졌답니다.

## 그렇게 많은 피가?

아야! 손을 베었다! 피가 흘러나와 똑똑 떨어진다. 선홍빛 피! 조금 끈적하고 따스한 피가 방울방울!

상처가 나서 피가 흐르면 그곳을 깨끗이 닦아내고, 세균이 안으로 들어가지 못하도록 감싸주어야 해요. 상처가 작으면 곧 나을 거예요.

상처가 크면? 혹시 칼로 깊이 베이면? 그러면 벤 자리가 잘 달라붙을 수 있도록 병원에서 꿰매주는 게 좋아요.

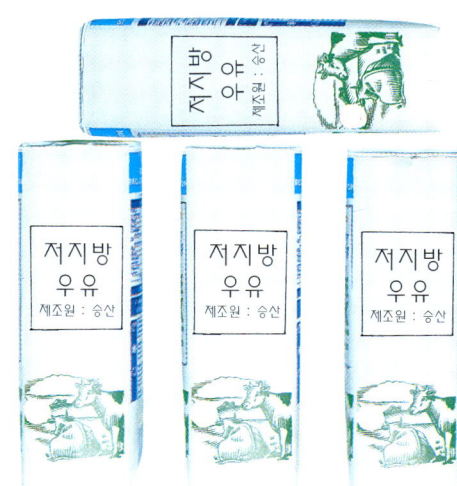

피를 조금 흘렸다고 해서 걱정할 필요는 없어요.
피는 아주 많거든요. 세 살배기 아이의 몸속에는 커다란
우유 한 통만큼의 피가 흐르고 있답니다.

어른 몸속에는? 아이의 다섯 배! 그러니 피를 몇 방울쯤
흘렸다고 해서 겁먹을 필요가 없어요.
사실 몸속 피의 3분의 1쯤은
잃어버려도 거뜬히 살아갈 수 있답니다.

# 피가 하는 일

졸졸 흐르는 시냇물처럼 우리의 피는 온몸을 돌아다녀요. 피를 한자말로 하면 혈액. 피 혈(血) 액체 액(液). 혈액은 우리가 튼튼하게 살아갈 수 있고 자랄 수 있는 영양분과 산소를 온몸의 세포에 전해주지요.

또 혈액은 세포의 찌꺼기를 치워주고, 상처를 치료해주고, 병이 낫도록 도와줘요. 대부분의 피가 도는 혈장 이라고 부르는 노르스름 한 액체로 이루어져 있어요.

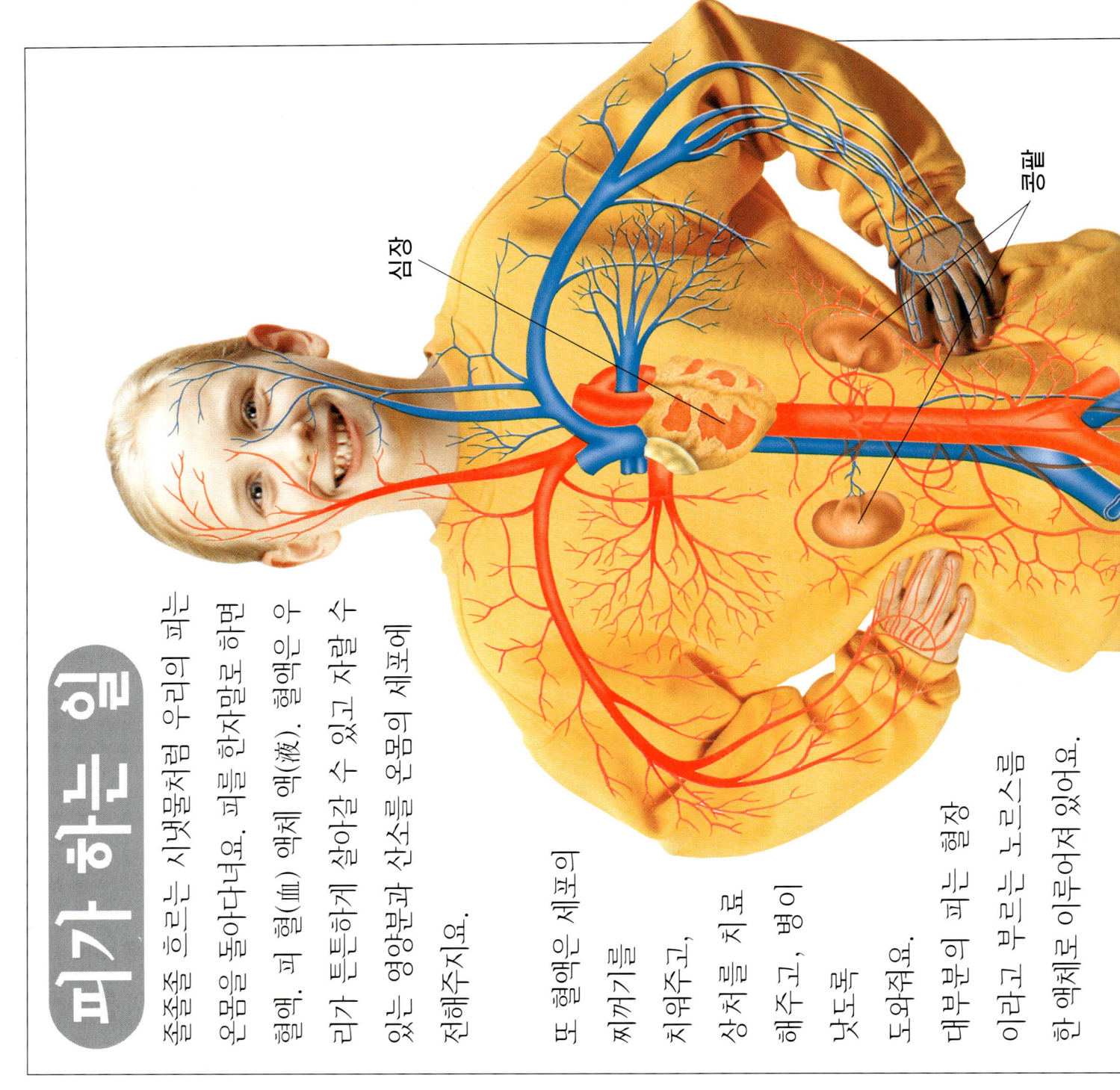

심장

콩팥

피 혈(血) 마음 장(漿).

몸은 죽을 마음이라고 하는데, 이 마음 같은 피가 바로 혈장이지요. 방에서 얻은 영양분을 온몸의 세포에 전해주는 것이 바로 혈액 중에서도 혈장.

또 혈장은 찌꺼기를 모아서 콩팥(신장)으로 실어 나른답니다.

콩팥에서는 이 혈장을 걸러서 찌꺼기만 따로 모아서 내버리지요. 무엇으로 어디에?

오줌으로 화장실에.

콩팥에서 깨끗해진 피는 다시 온몸을 돌아다니네요.

피가 온몸을 돌아다닐 수 있는 것은 심장에서 펌프질을 하기 때문이다. 심장에서 나온 피는 동맥(그림의 빨간색을 따라) 온몸으로 퍼져서 정맥(그림의 파란색)을 따라 다시 심장으로 돌아온다.

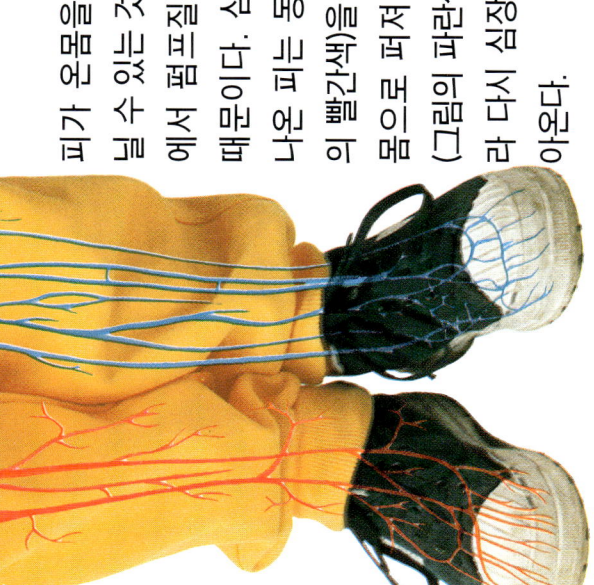

 빨간 세포
(적혈구)

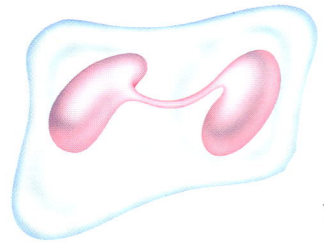 하얀 세포
(백혈구)

## 피 세포

혈장은 세포가 아니라 바닷물과 비슷한 거예요. 이 바닷물 속에 물고기 같은 피 세포가 살고 있는 셈이지요. 특히 빨간 피세포가 많아서 피가 빨갛게 보이는 거랍니다.

빨간 피세포의 이름은 적혈구.
붉을 적(赤) 피 혈(血) 공 구(球).
붉은 피공이라는 뜻의 적혈구는 허파에서 산소를 빨아들여 온몸의 세포에 나누어준답니다. 세포에 산소를 나눠주는 대신 이산화탄소를 받아서 허파로 갖다버리지요.

적혈구는 허파에서 산소를 얻고 이산화탄소를 버린다.

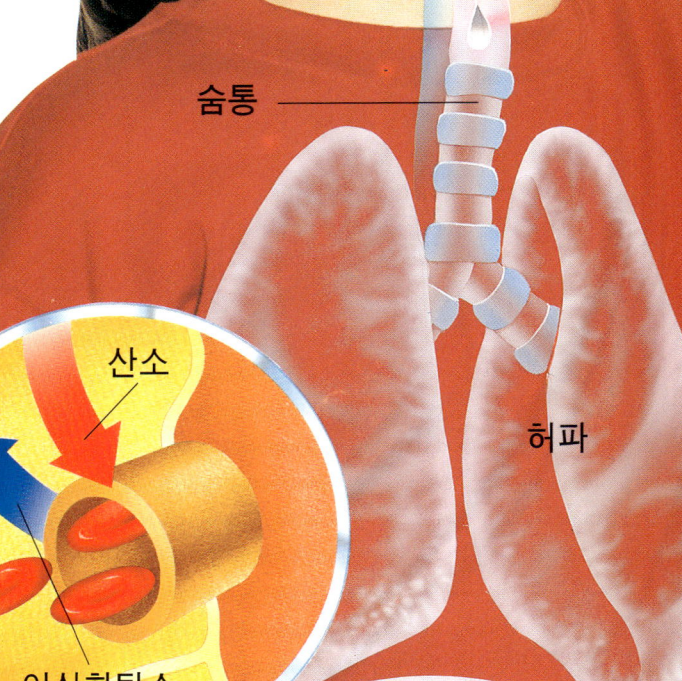

숨통

허파

산소

이산화탄소

혈장에는 또 하얀 세포도 담겨 있어요. 이름은 백혈구. 흴 백(白) 피 혈(血) 공 구(球). 흰 피공.
백혈구는 적혈구보다 수가 적지만, 크기는 훨씬 더 크답니다. 백혈구는 몸속으로 들어온 못된 세균을 죽이지요. 아주 사나운 세균도 있어서 백혈구가 죽기도 해요. 그래서 몸속에 많은 세균이 쳐들어오면, 그걸 무찌르기 위해 백혈구가 더 많이 생겨요.

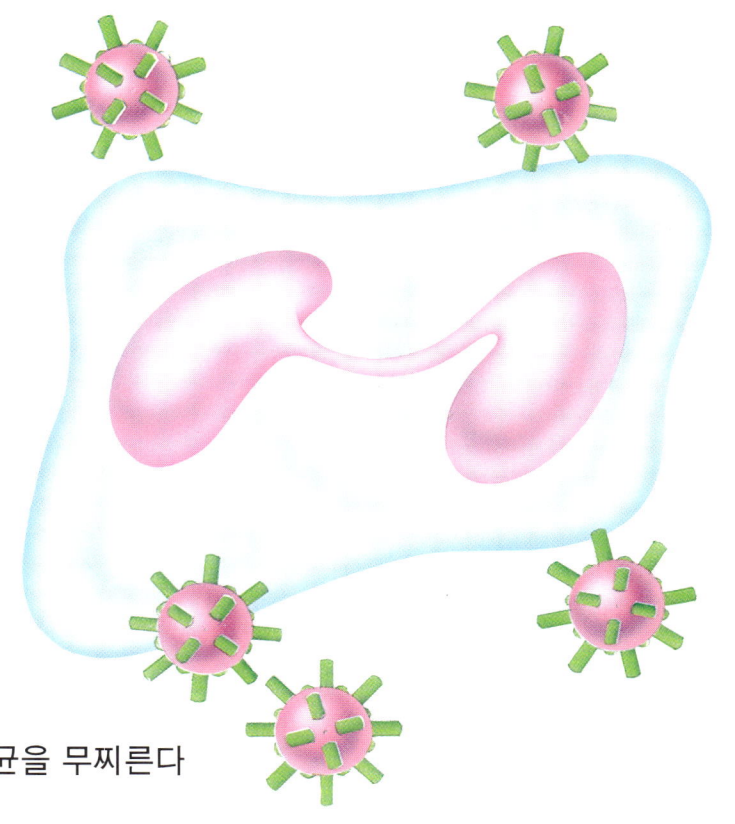

백혈구는 세균을 무찌른다

## 상처와 멍

상처가 나면 처음에는 피가 스멀스멀 흘러나오지요. 하지만 상처가 깊지 않다면 곧 피가 멈출 거예요. 피가 응고되거든요. 엉길 응(凝) 굳을 고(固). 피 속에는 상처치료 세포가 있어요.

이 세포에서 특별한 응고제를 만들어내지요.

흘러나온 핏방울은 이 응고제 덕분에 서로 엉겨서 굳어버려요.
굳은 피는 새 피가 밖으로 흘러 나오지 못하게 해요.
또 세균이 상처 속으로 쳐들어가지 못하게 해요. 굳은 피는 곧 딱지로 변하고,

아래쪽에 새로운 피부세포가 생기면
저절로 떨어져 나간답니다.

혹시 옆의 친구처럼
멍이 든 적이 있나요?
어쩌다가?

꽈당 넘어져서 심하게
찧으면 멍이 들지요. 멍?
핏줄이 터져서 피가 살갗
속으로 스며든 것이
멍이랍니다. 멍든 곳은
살갗이 검푸르게 변하지요.
그러다가 노랗게 변해요. 살갗에
스며든 피가 차츰 사라지면
멍도 깨끗이 사라져요.

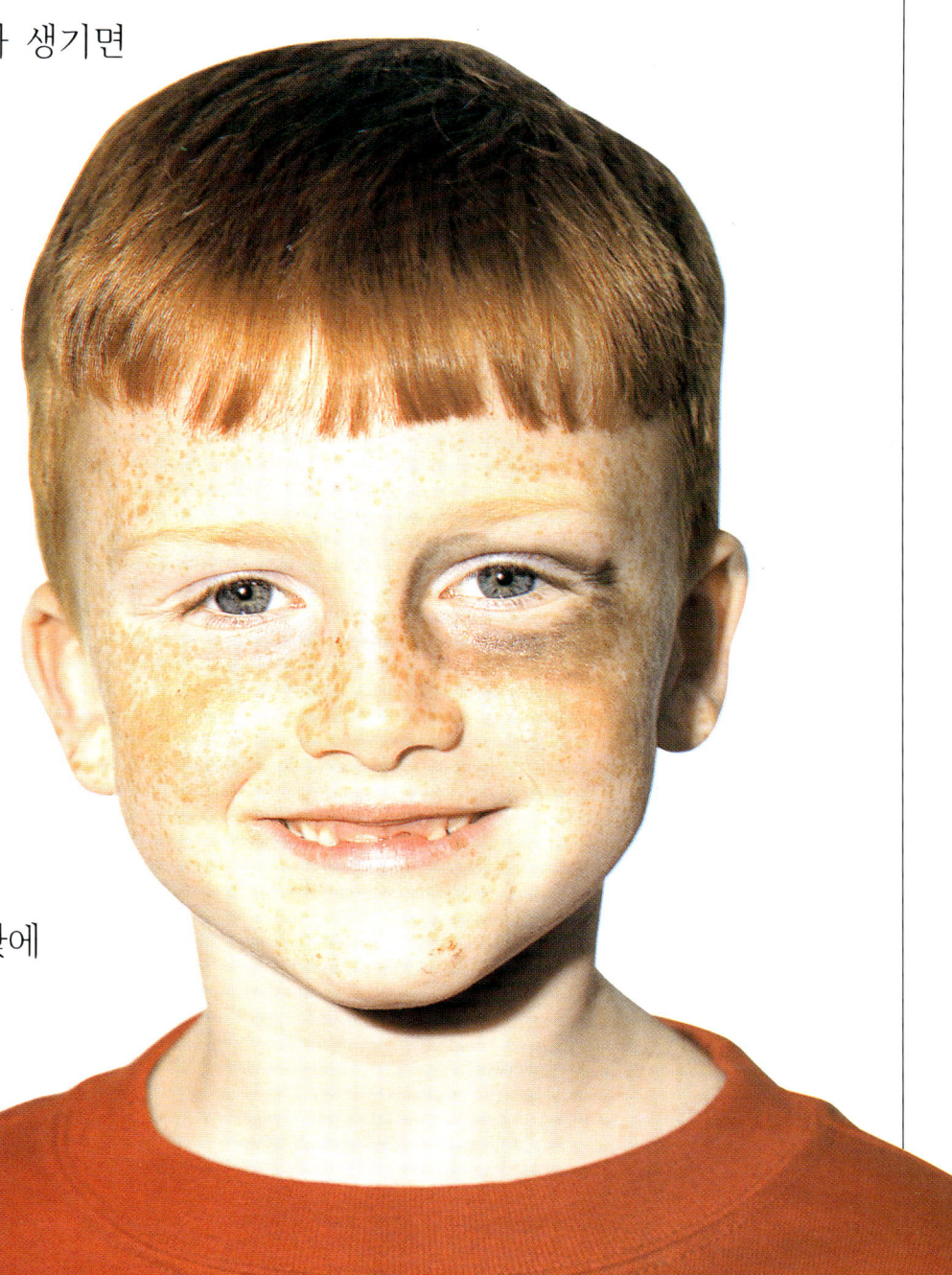

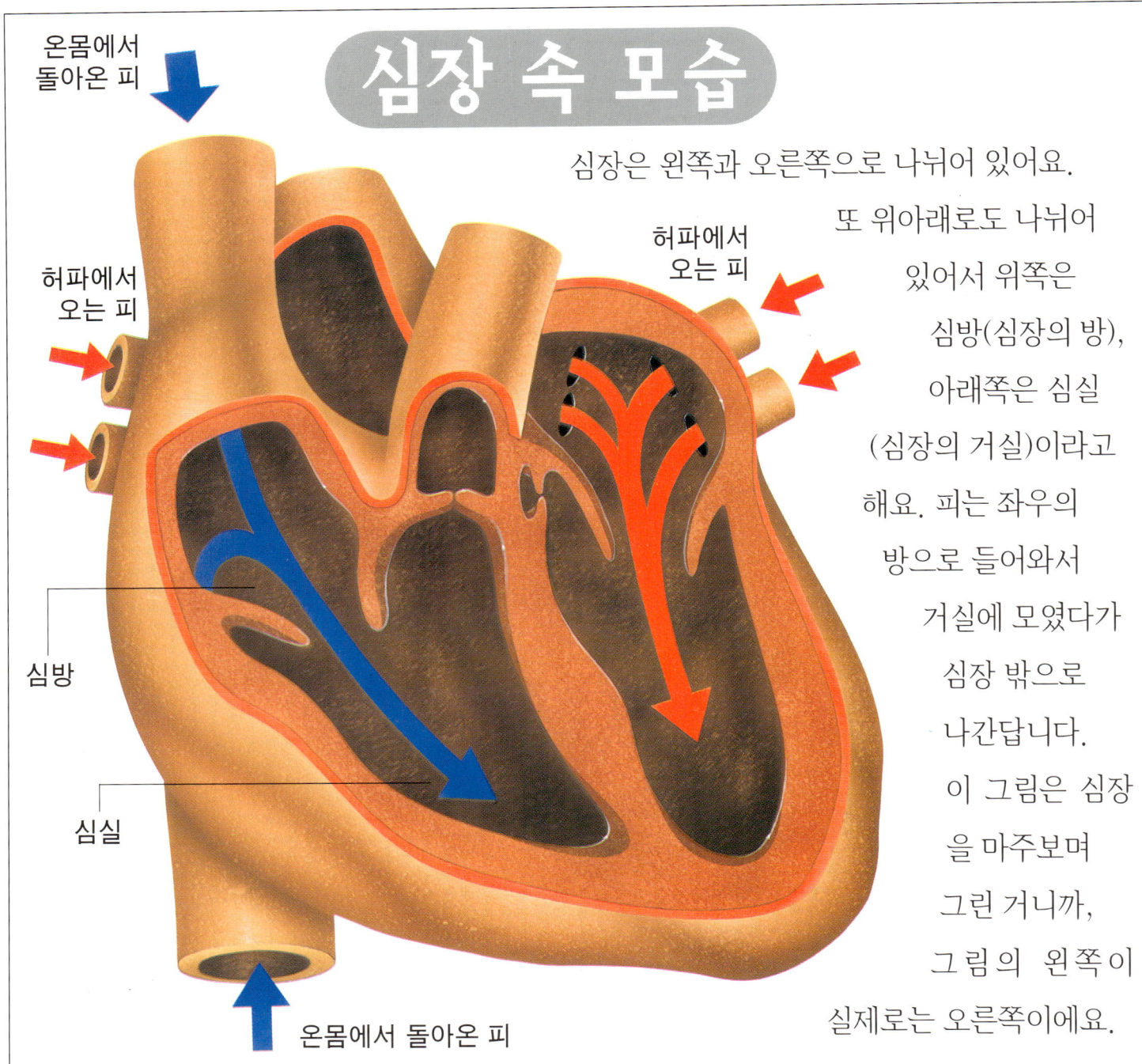

온몸을 여행하고 돌아온 피(파란색 화살표)는 우심방(그림 왼쪽 윗방)을 거쳐 우심실(그림 왼쪽 아래)에 모여요.

빵빵해진 우심실의 피는 허파로 가서 산소를 빨아들이지요.

허파에서 산소를 듬뿍 머금은 피(빨간색 화살표)는 좌심방으로 들어와 좌심실에 모여요. 빵빵해진 좌심실의 피는 힘차게 심장을 빠져나가 다시 온몸을 여행하며 산소를 나눠주지요.

방과 거실 사이에는 날름막(판막)이 있어서 피가 거꾸로 흐르는 것을 막아준답니다.

온몸으로 가는 피

허파로 가는 피

날름막(판막)

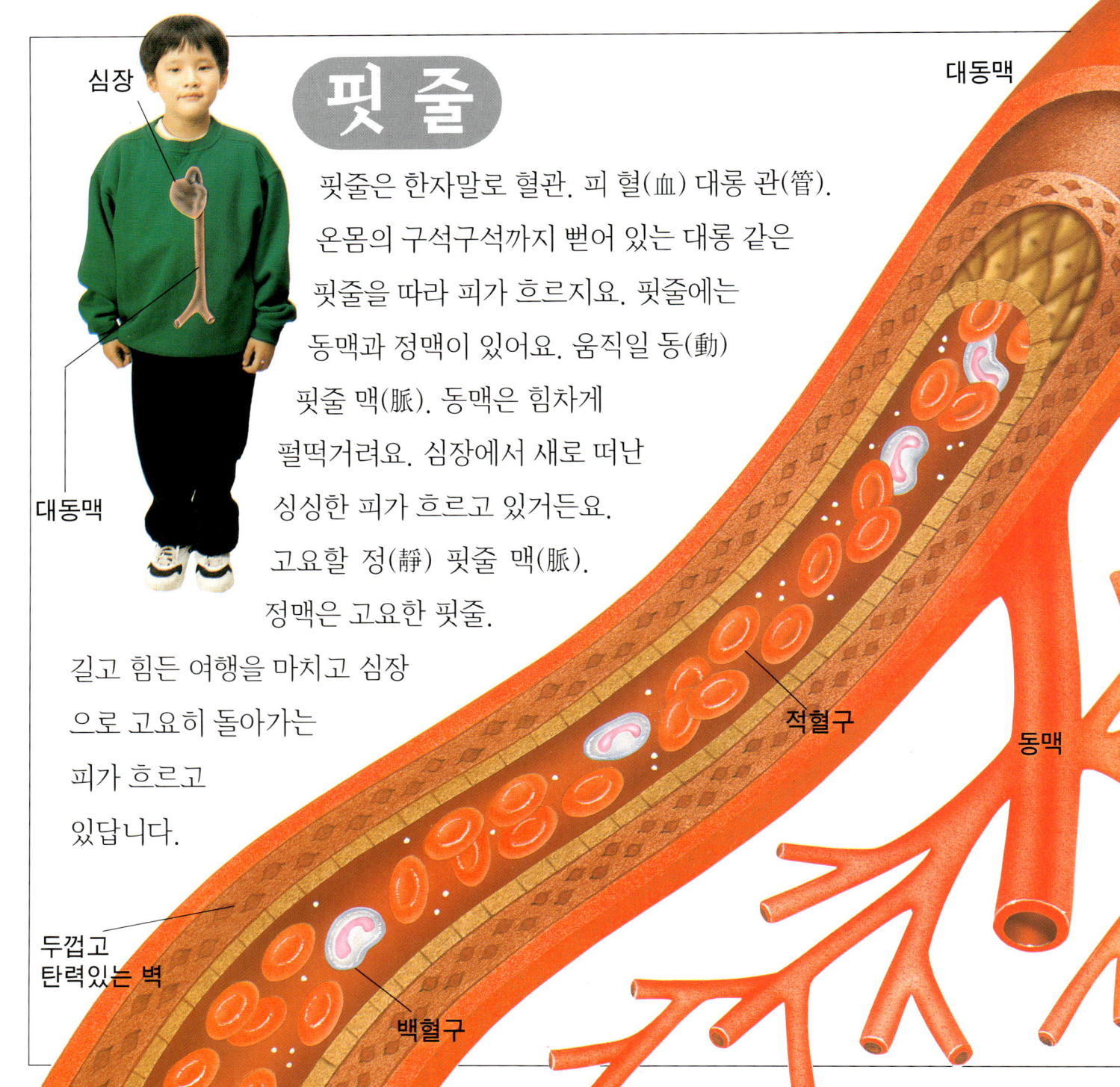

## 핏줄

핏줄은 한자말로 혈관. 피 혈(血) 대롱 관(管). 온몸의 구석구석까지 뻗어 있는 대롱 같은 핏줄을 따라 피가 흐르지요. 핏줄에는 동맥과 정맥이 있어요. 움직일 동(動) 핏줄 맥(脈). 동맥은 힘차게 펄떡거려요. 심장에서 새로 떠난 싱싱한 피가 흐르고 있거든요. 고요할 정(靜) 핏줄 맥(脈). 정맥은 고요한 핏줄. 길고 힘든 여행을 마치고 심장으로 고요히 돌아가는 피가 흐르고 있답니다.

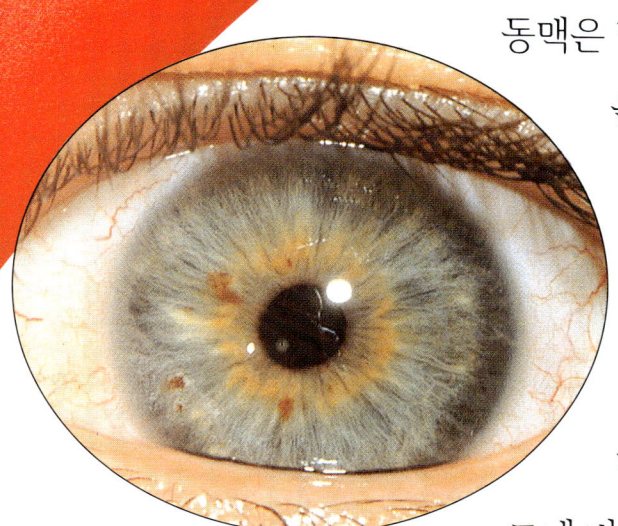

동맥은 멀리 갈수록 점점 핏줄이 가늘어지며 온몸으로 퍼져나가요. 가장 가는 핏줄은 모세혈관이라고 해요. 털 모(毛) 가늘 세(細). 털처럼 가는 이 혈관은 어찌나 가는지 한 번에 적혈구 하나밖에 지나갈 수가 없답니다. 거울에 눈을 비춰보세요. 빨간 핏줄이 보일 텐데, 그게 바로 모세혈관이랍니다. 모세혈관을 순우리말로 하면 실핏줄.

달리기나 힘든 운동을 했을 때 얼굴이 빨개진 적이 있나요? 왜 그럴까요? 몸에 열이 나면 실핏줄이 팽창한답니다. 살갗 쪽으로 더 가까이 다가가서 몸의 열을 밖으로 내보내려고요. 그래서 얼굴이 붉어지는 거예요.

그런데 한 사람의 핏줄 길이는 얼마나 될까요? 약 10만 킬로미터! 지구를 두 바퀴 반이나 돌 수 있는 길이!

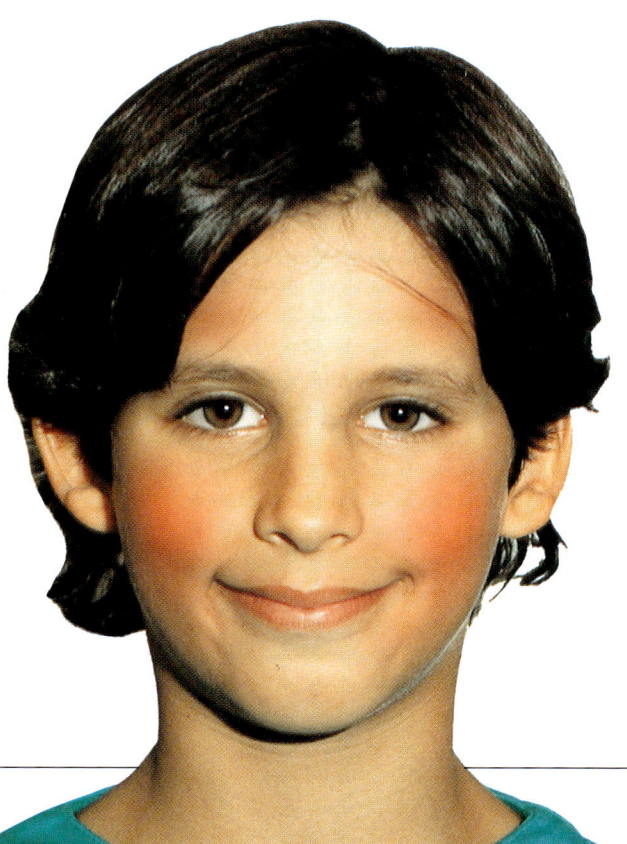

## 정맥

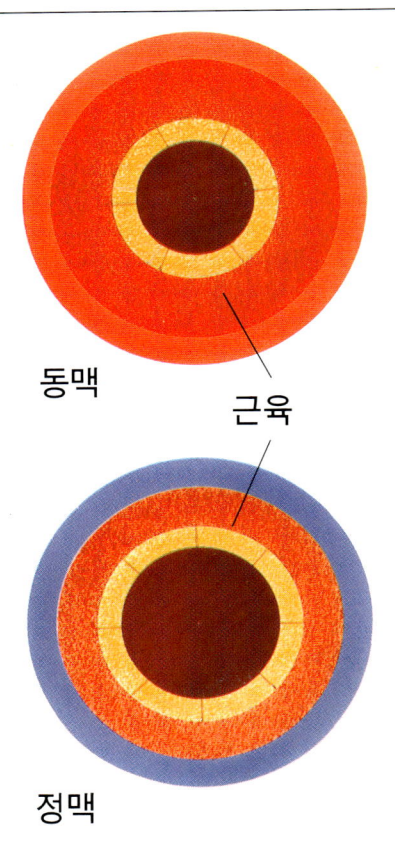

동맥
근육
정맥

피는 실핏줄을 거쳐 아주 가느다란 정맥으로 들어가요. 정맥과 동맥이 때로는 나란히 뻗어 있기도 하지만, 대개는 정맥이 동맥보다 살갗에서 더 가까운 쪽에 있답니다. 그리고 동맥보다 핏줄이 더 얇아요.

정맥은 아주 얇은 한 겹의 근육으로만 되어 있지요. 또 정맥에는 심장처럼 날름막이 있어서 피가 거꾸로 흐르지

백혈구
적혈구
날름막(판막)
정맥

못한답니다. 정맥의 피는 동맥의 피보다 산소가 적어요. 그래서 선홍색이 아니라 약간 파란색을 띠고 있답니다. 손목을 살짝 꺾고 핏줄을 찾아보세요. 파랗게 보이는 핏줄이 바로 정맥이에요.

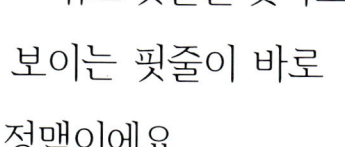

우리 피의 5분의 3은 정맥 속을 흐르고 있답니다. 이 피는 1초에 20센티미터쯤 흐르지요. 똑딱 하는 사이에 어린이의 손목에서 팔꿈치까지 흘러가는 거예요. 그런데 굵은 동맥에서는 피가 1초에 30센티미터쯤 흘러간답니다.

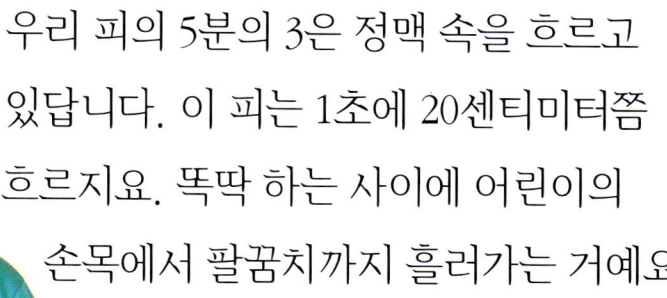

# 심장이 두근두근

심장이 두근두근 뛰는 것을 박동이라고 해요. 두근거릴 박(搏) 움직일 동(動). 핏줄이 꿈틀꿈틀 하는 것은 맥박이라고 해요. 핏줄 맥(脈) 두근거릴 박(搏). 열심히 운동을 하면 뇌가 심장더러 더 빨리 두근거려서 근육에 더 많은 피를 보내라고 명령을 한답니다.

운동을 하면 근육이 많은 일을 해야 하니까 더 많은 피가 필요하거든요. 심한 운동을 할 때는 근육이 우리 피의 5분의 4를 끌어다

쓰기도 한답니다.

하지만 평소에는 5분의 1만 써도 충분해요. 밥을 먹은 후에도 심장 박동이 평소보다 빨라져요. 소화기관이 일을 많이 해야 하거든요. 밥통과 창자가 꿈틀거리며 밥에서 영양분을 빨아들이죠. 이 영양분을 간으로 가져가면, 간이 영양분을 종류끼리 나누어서, 일부는 저장하고, 나머지는 핏줄로 보내서 온몸의 세포에 나눠주지요.

빨간 화살표처럼 영양분이 창자에서 간으로 옮겨진다. 그 다음에는 피가 영양분을 온몸의 세포에 나눠준다.

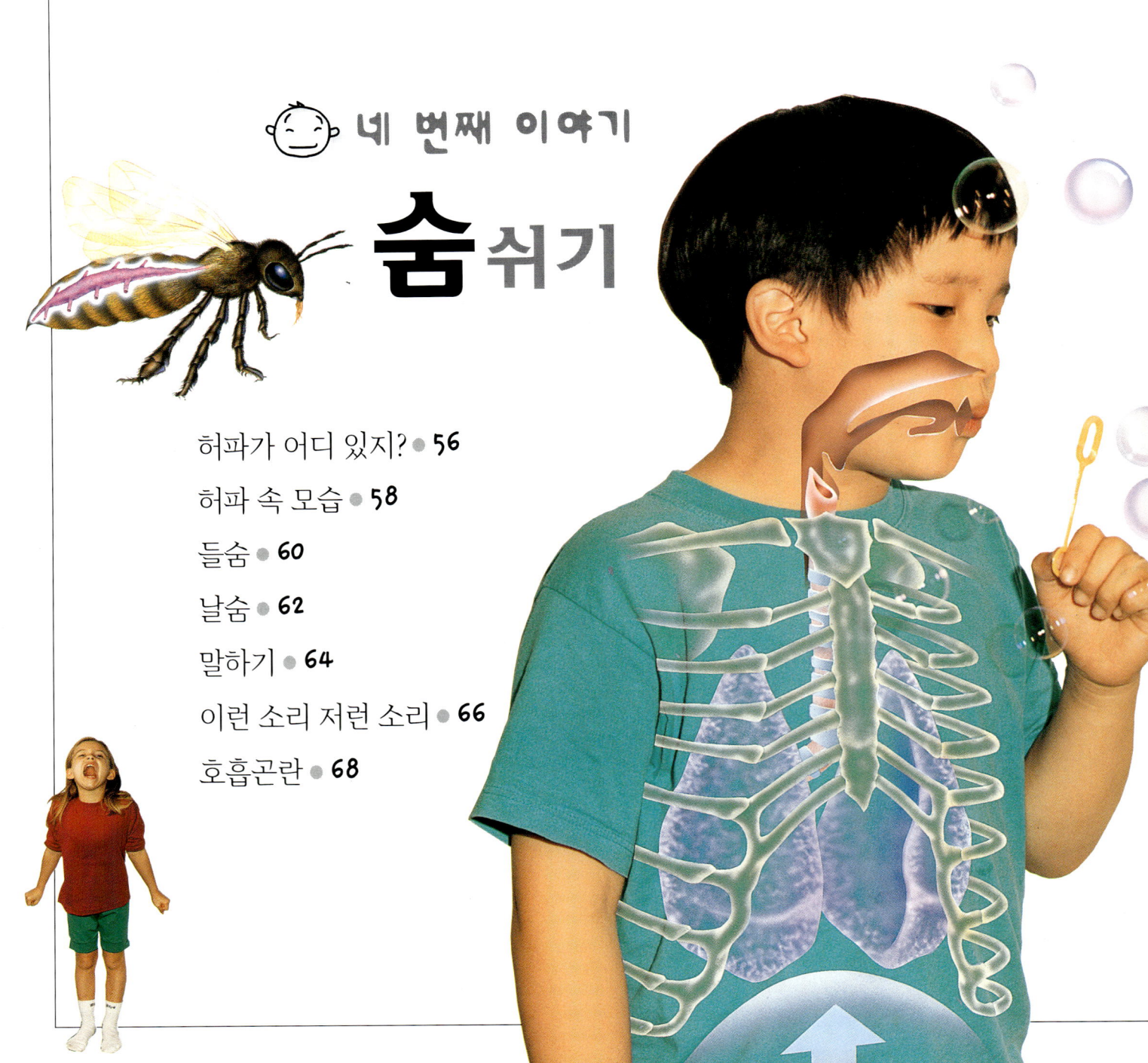

# 네 번째 이야기
# 숨쉬기

허파가 어디 있지? ● 56

허파 속 모습 ● 58

들숨 ● 60

날숨 ● 62

말하기 ● 64

이런 소리 저런 소리 ● 66

호흡곤란 ● 68

# 머리말

우리는 전혀 숨을 쉰다는 생각을 하지 않아도 끊임없이 숨을 쉬고 있어요. 이때 가슴 속에서 부풀었다 오므라들었다 하는 것이 바로 허파. 허파는 한자말로 폐(肺)라고 해요.

숨을 들이마실 때마다 부푸는 허파 속으로 공기가 잔뜩 들어가는데, 이 공기 속에 산소가 들어 있지요. 공기 속에 산소가 없으면 우리는 숨이 막혀서 죽게 된답니다.

우리는 숨을 내쉬어서 불필요한 이산화탄소 따위를 내보내지요. 그리고 숨을 내쉬어서 말도 한답니다. 숨을 내쉬지 않으면 말을 할 수가 없어요.

허파꽈리

# 허파가 어디 있지?

허파는 두 개인데, 가슴 속 양쪽에 하나씩 있답니다.

왼쪽 허파는 오른쪽 것보다 더 작아요. 왼쪽에는 심장이 있어서 자리가 비좁거든요. 허파는 아주 말랑말랑한데, 갈비뼈가 감싸고 있어서 만져볼 수는 없어요.

열두 쌍의 갈비뼈 가운데 열 쌍이 새장처럼 허파를 감쌌고 있는데, 이 갈비뼈 사이에는 근육이 붙어 있어요. 가슴으로 숨을 쉴 때 이 근육이 움직여서 갈비뼈가 들썩거리지요.

허파 바로 밑에는 넓적한 근육이 자리 잡고 있는데 이것을 횡격막이라고 해요. 가로 횡(橫) 막을 격(膈) 가풀 막(膜). 가로로(수평으로) 막혀 있는 까풀. 이 까풀은 허파와 몸통의 다른 부분을 나누어서 가로막고 있는 벽 같은 거예요.

갈비뼈 근육과 함께 이 횡격막이 움직이기 때문에 허파가 덩달아 움직여서 우리가 숨을 쉴 수 있답니다. 허파는 스스로 움직이지 못하거든요.

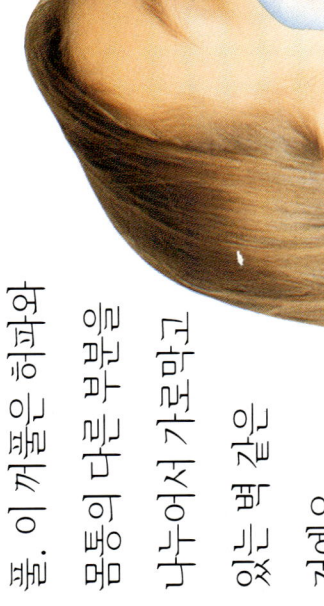

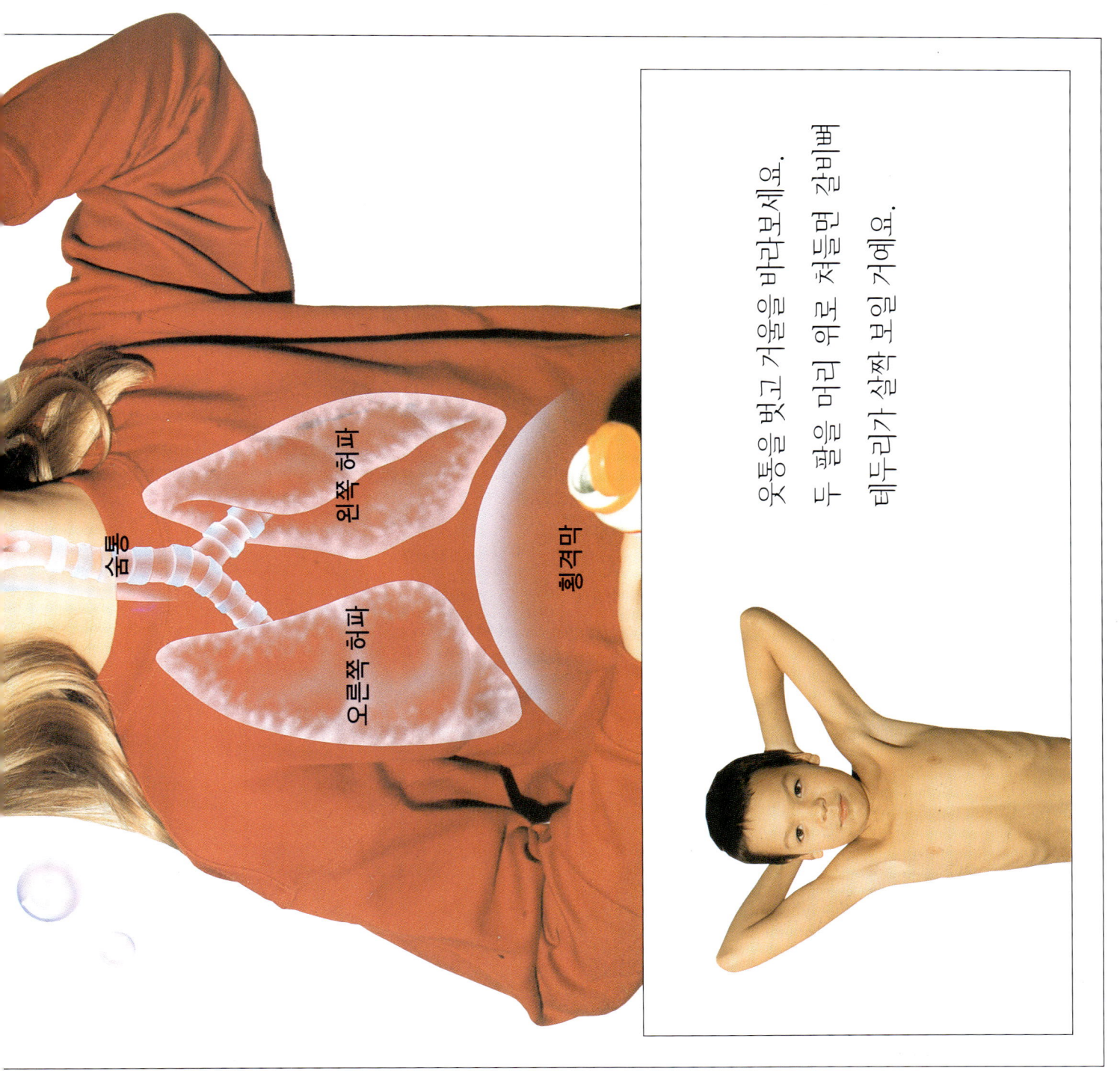

옷을 벗고 거울을 바라보세요.
두 팔을 머리 위로 치들면 갈비뼈
테두리가 살짝 보일 거예요.

왼쪽 허파
오른쪽 허파
숨통
횡격막

## 허파 속 모습

허파는 커다란 스펀지처럼 생겼어요. 하지만 스펀지처럼 물을 빨아들이지 않고 공기를 빨아들여요. 코나 입을 거쳐 몸속으로 들어간 공기는 기관(숨통)을 지나고, 두 갈래의 기관지를 지나 허파로 들어가지요. 기관지는 공기 기(氣) 대롱 관(管) 갈라질 지(支).

기관(숨

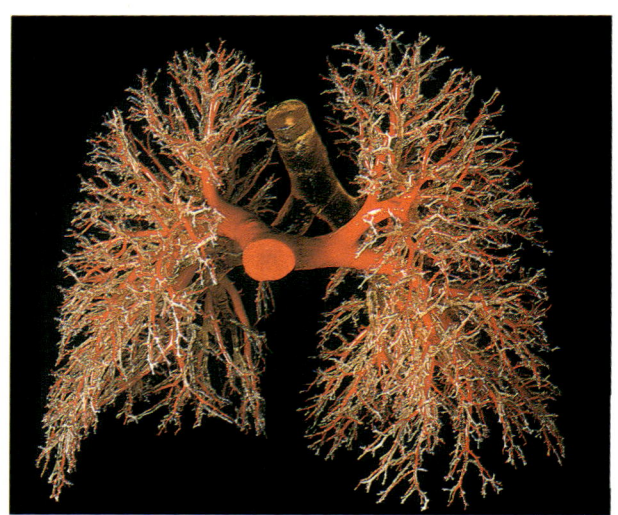

기관지와 잔가지가 마치 나무처럼 보인다.

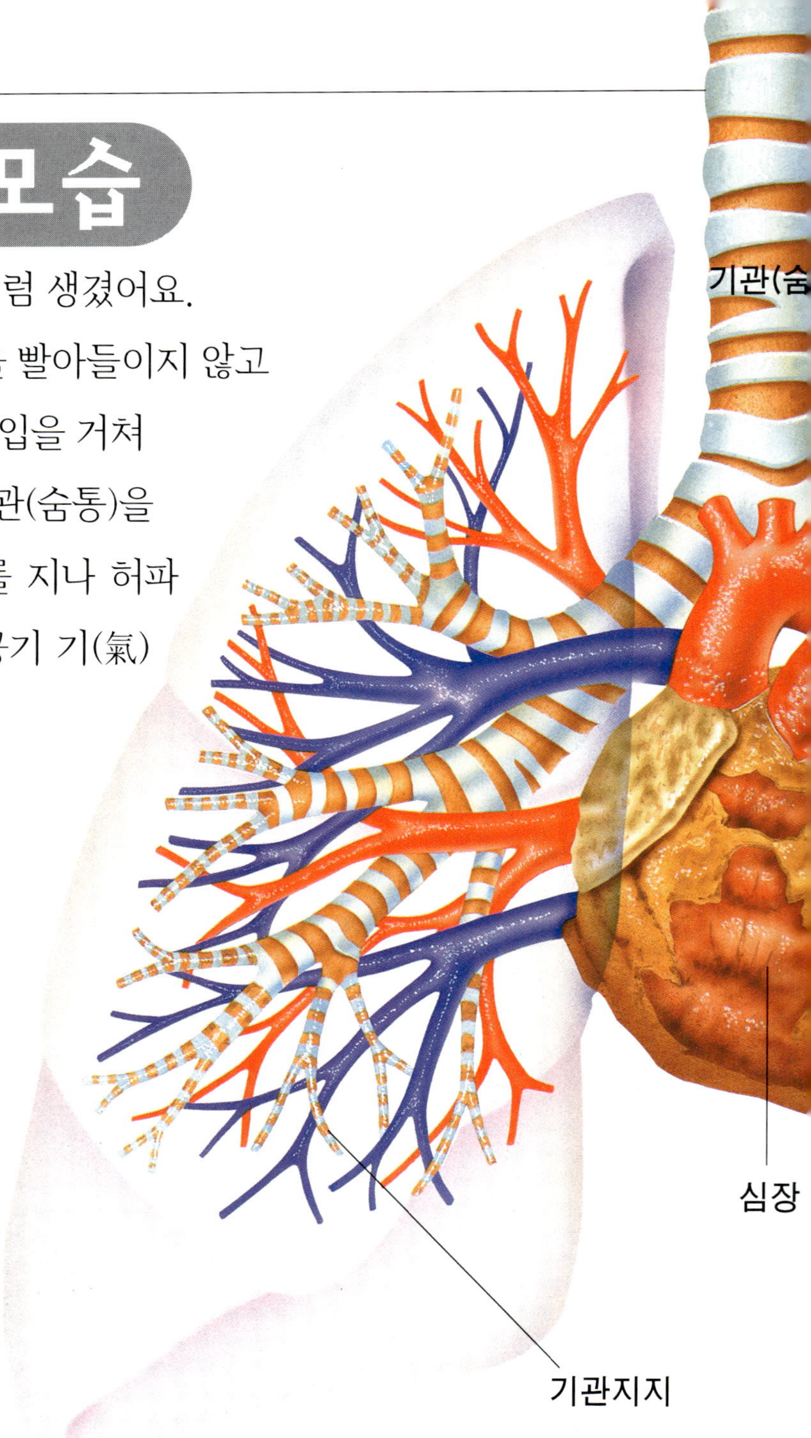

기관지지

심장

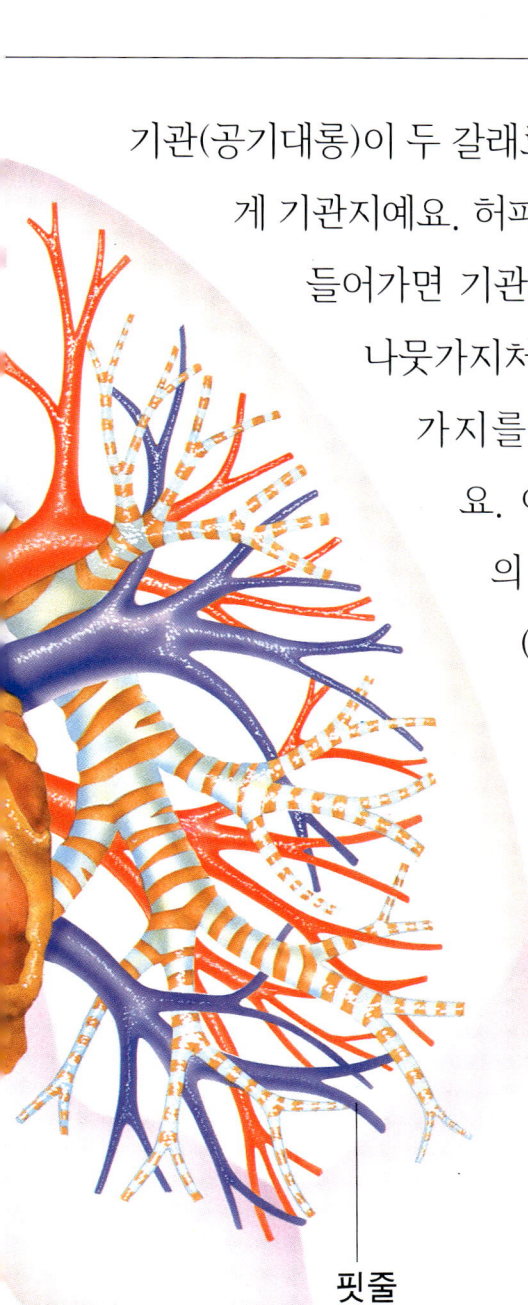

기관(공기대롱)이 두 갈래로 갈라진 게 기관지예요. 허파 안으로 들어가면 기관지가 마치 나뭇가지처럼 수많은 가지를 치고 있어요. 이것은 기관지의 가지라서 기관지지(세기관지)라고 한답니다.

**허파꽈리**

**핏줄**

가장 작은 기관지지의 굵기는? 머리카락 굵기! 기관지지 끝에는 거품 모양의 공기자루가 다발로 붙어 있는데 이것을 허파꽈리라고 해요. 허파꽈리는 실핏줄로 덮여 있어서 이 실핏줄이 산소를 빨아들이지요. 허파 하나에는 허파꽈리가 몇 개나 있을까?
약 3억 개!

## 들숨

숨을 들이쉴 때에는 횡격막이 밑으로 내려가며 팽팽해져요.
갈비뼈 근육도 팽팽해지면서 가슴통(흉곽)이 커져요.
그래서 가슴 속에 빈자리가 잔뜩 생기니까 이때 공기가 허파 속으로 빨려드는 거랍니다.

손을 가슴에 얹고, 숨을 쉴 때마다 갈비뼈가 움직이는 것을 느껴보세요.

숨을 몽땅 내쉰 다음 가슴둘레를 재보세요. 그리고 깊이 숨을 들이마신 다음 다시 가슴둘레를 재보세요. 가슴둘레가 꽤 커졌지요?

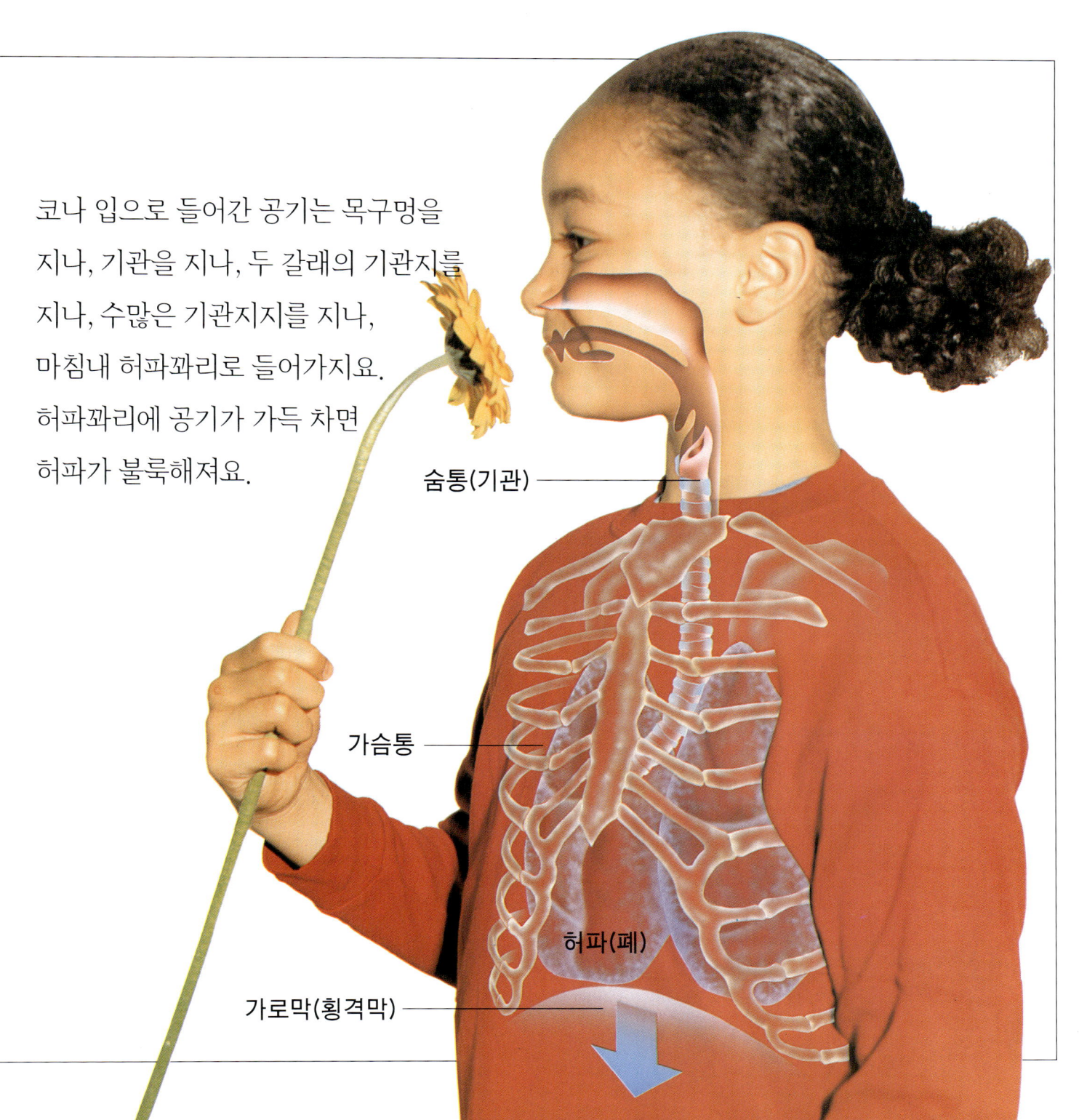

코나 입으로 들어간 공기는 목구멍을 지나, 기관을 지나, 두 갈래의 기관지를 지나, 수많은 기관지지를 지나, 마침내 허파꽈리로 들어가지요. 허파꽈리에 공기가 가득 차면 허파가 불룩해져요.

숨통(기관)

가슴통

허파(폐)

가로막(횡격막)

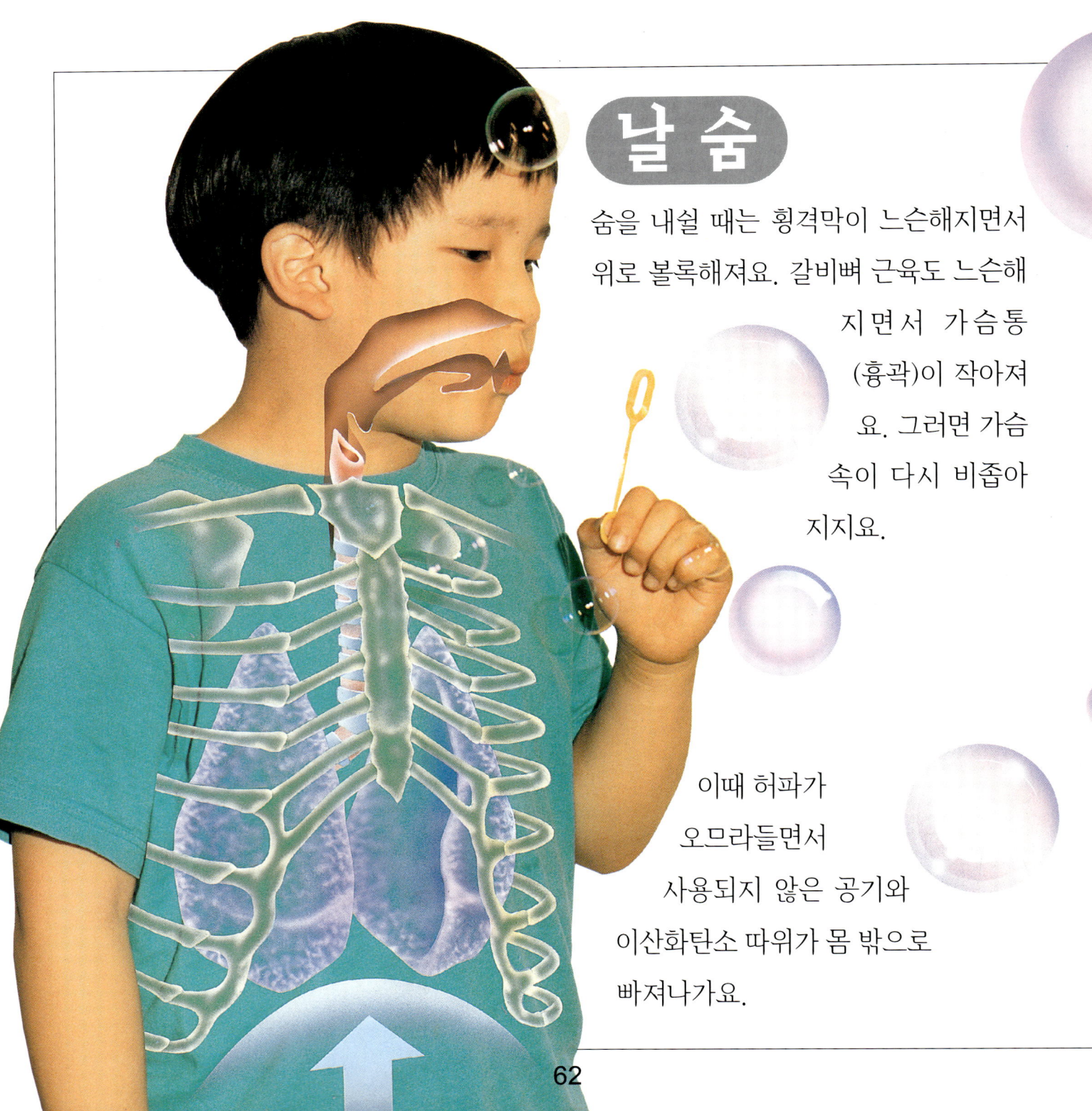

## 날숨

숨을 내쉴 때는 횡격막이 느슨해지면서 위로 볼록해져요. 갈비뼈 근육도 느슨해지면서 가슴통(흉곽)이 작아져요. 그러면 가슴 속이 다시 비좁아지지요.

이때 허파가 오므라들면서 사용되지 않은 공기와 이산화탄소 따위가 몸 밖으로 빠져나가요.

입에 손을 대고 숨을 내쉬어보세요.
내쉰 공기가 따뜻할 거예요. 왜? 몸속에서 데워졌거든요.
그런데 숨을 내쉴 때 몸속의 물도 내보낸답니다!
거울을 입에 대고 하아, 하고 숨을 내쉬어보세요.
거울에 입김이 서릴 거예요, 그것이 바로 물(수분)!

거울을 냉장고 속에 넣어두고
차갑게 해서 잘 닦은 후에
실험을 해보면 더욱 분명하게
입김이 서리는 것을 볼 수 있어요.

# 말하기

숨을 내쉬지 않으면 말을 할 수가 없어요. 목구멍 아래쪽에는 두 갈래 길이 있는데, 한 길로는 밥이 들어가고, 또 한 길로는 숨이 들락거려요. 숨이 들락거리는 입구를 후두라고 한답니다. 목구멍 후(喉) 머리 두(頭). 목구멍 머리라니? 여기서 머리는 시작되는 부분이라는 뜻이에요. 시작하는 말을 머리말이라고 하듯이. 어른 남자들을 보면 목에 불룩 튀어나온 곳이 있어요. 이곳을 후두융기(아담의 사과)라고 하는데, 이 후두융기 뒤쪽에서 소리가 만들어진답니다. 높을 융(隆) 일어날 기(起). 높이 일어난 거. 불룩한 거를 융기라고 해요. 소리를 내려면 숨을 내쉬게 되는데, 내쉬는 숨

후두융기
(아담의 사과)

이 후두의 성대를 울려서 소리를 내게 되지요. 소리 성(聲). 띠 대(帶). 성대가 굵으면 굵은 소리를, 가늘면 가는 소리를 냅니다.

  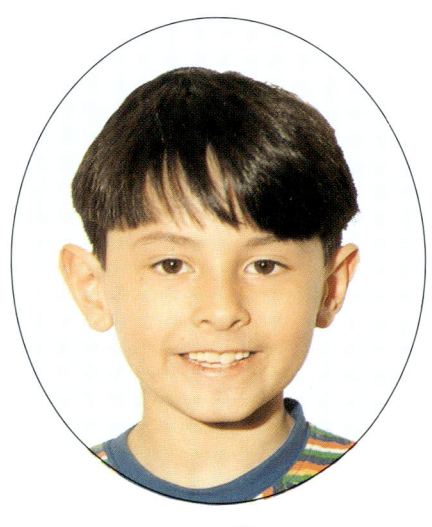

그런데 이 소리는 혀와 이빨과 볼과 입술 모양에 따라 달라져서 여러 가지 말이 되지요. 큰 소리를 내려면? 숨을 힘껏 많이 내쉬어야 해요. 숨을 깊이 들이쉰 다음 소곤소곤 말해보세요. 그러면 꽤 오랫동안 말을 할 수 있을 거예요. 이번에는 다시 숨을 깊이 들이쉰 다음 크게 고함을 질러보세요. 오랫동안 고함을 지르고 있을 수가 없을 거예요.

# 이런 소리 저런 소리

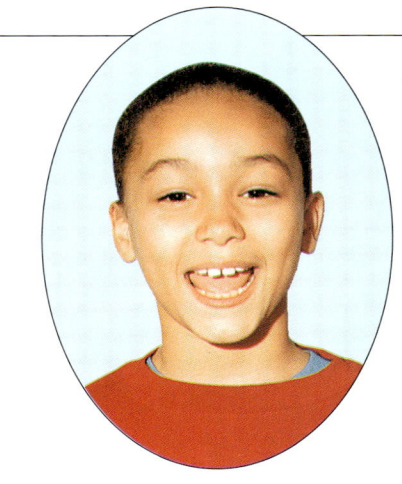

숨을 내쉬는 동안 말소리 말고도 온갖 소리를 낼 수 있어요. 깔깔 키득키득 웃는 소리, 콜록거리는 소리, 에취 재채기하는 소리, 흑흑 흐느끼는 소리, 하품하는 소리, 한숨 내쉬는 소리, 딸꾹질…….

재채기와 기침은 콧속이나 숨통 속의 먼지나 점액을 뱉어내기 위한 거랍니다. 재채기할 때 입에서 튀어나가는 공기의 속도는? 한 시간에 160킬로미터 이상!

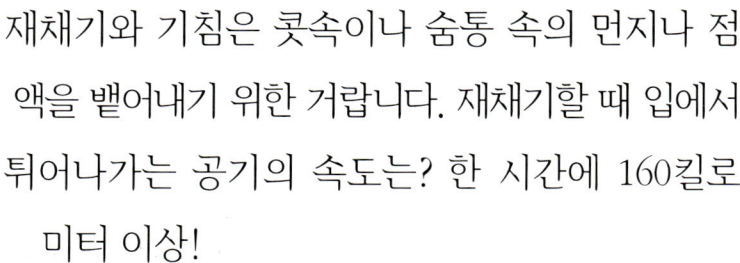

점액이란 끈적한 액체인데, 공기 속에 있는 먼지 알갱이가 이 점액에 달라붙지요.
기관지에는 섬모라는 아주 가늘고 작은 털이 나 있어요. 가늘 섬(纖) 털 모(毛).
섬모는 한쪽 방향으로만 움직인답니다.
이 섬모가 숨통 속의 먼지 알갱이 따위를 코 쪽으로 살살 밀어내서 재채기를 하게 되지요. 혹시 밥이 길을 잘못 들어서

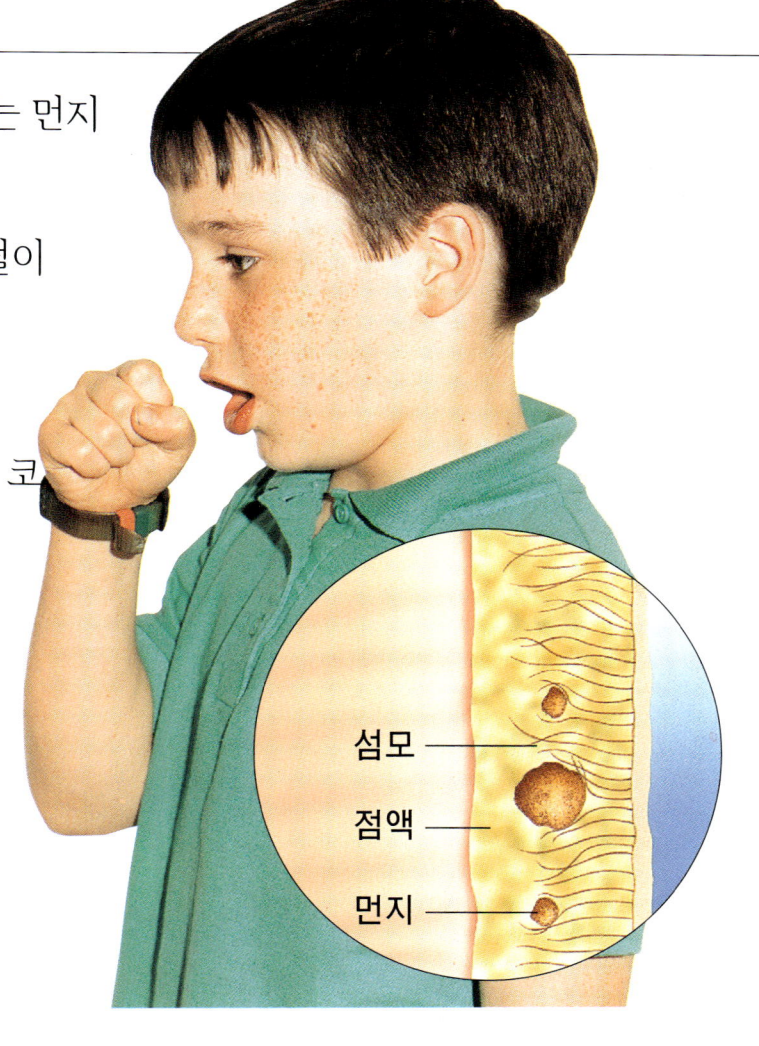

섬모
점액
먼지

숨통 속으로 들어가면 콜록콜록! 기침을 해서 그걸 밖으로 뱉어내지요. 가로막이 갑자기 팽팽해지면서 경련을 일으키면 딸꾹질을 하게 돼요. 딸꾹거리는 소리는 성대가 갑자기 닫히면서 나는 소리랍니다.

## 호흡곤란

숨쉬기가 곤란해지는 데에는 여러 가지 이유가 있어요. 천식에 걸린 사람은 기관지지가 아주 여려서 조금만 자극을 받으면 숨이 턱턱 막힌답니다. 천식환자는 막힌 숨길을 열어주기 위해 흡입기를 사용해서 약물을 기관지지에 불어넣지요.

흡입기를 입에 넣고 칙칙 약물을 뿌려서 숨길을 열어준다.

천식을 일으키는 아주 작은 진드기를 확대한 모습.

광부들은 매일 먼지를 마시기 때문에 가슴앓이를 할 수도 있어요.

담배를 피우면 담배연기 때문에 섬모 활동이 멈추어 점액과 먼지가 허파에 쌓이게 돼요. 심해지면 기침을 하게 되고 호흡도 곤란해지지요.

도시에서 자전거를 타는 사람 가운데 배기가스 때문에 허파가 상할까봐 마스크를 쓰는 사람이 많아지고 있답니다.

 다섯 번째 이야기

# 먹기

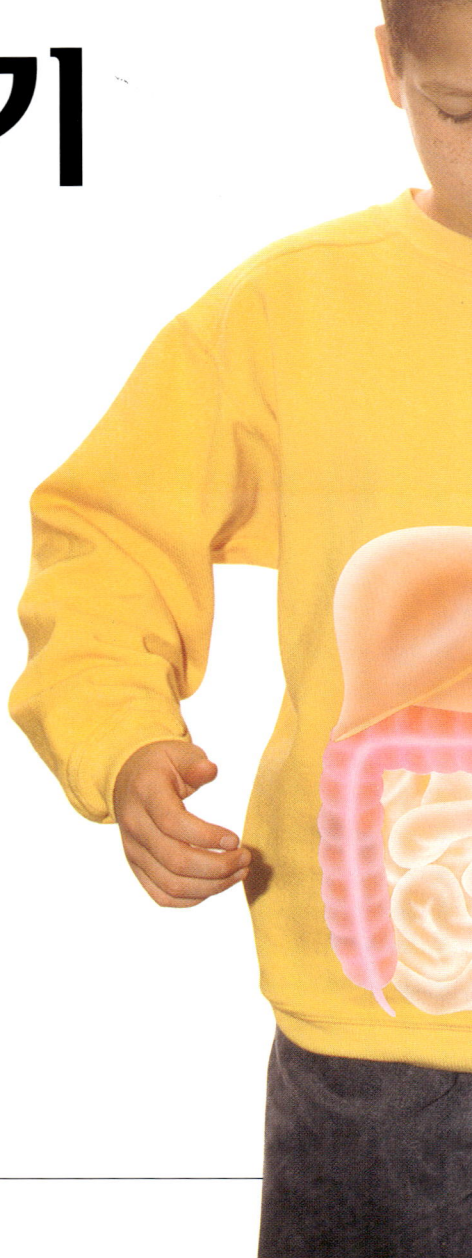

소화 ● 72

입 ● 74

이빨 속 모습 ● 76

식도 ● 78

밥통 속 모습 ● 80

작은창자 ● 82

간 ● 84

큰창자 ● 86

# 머리말

우리는 밥을 입에 넣는 순간 씹기 시작해요.
이렇게 밥을 잘게 부수어서 몸 세포가 쓸 수 있도록 만드는
과정을 소화라고 한답니다. 소화의 목적은? 음식물에서
영양분을 한껏 많이 얻는 것. 이 영양분은 새로운
세포가 되고 힘이 되지요.
그러자면 우선 잘 먹을 필요가 있어요. 제대로
먹지 못하면 필요한 영양분을 다 얻을 수가
없을 테고, 병이 들게 돼요.

## 소화

소화는 음식물을 입에 넣는 순간부터 시작돼요. 소화가 모두 끝나는 데에는 약 20시간이 걸린답니다. 소화기관은 동굴이나 터널 같아요. 크기와 모양과 길이는 모두 다르지만요.

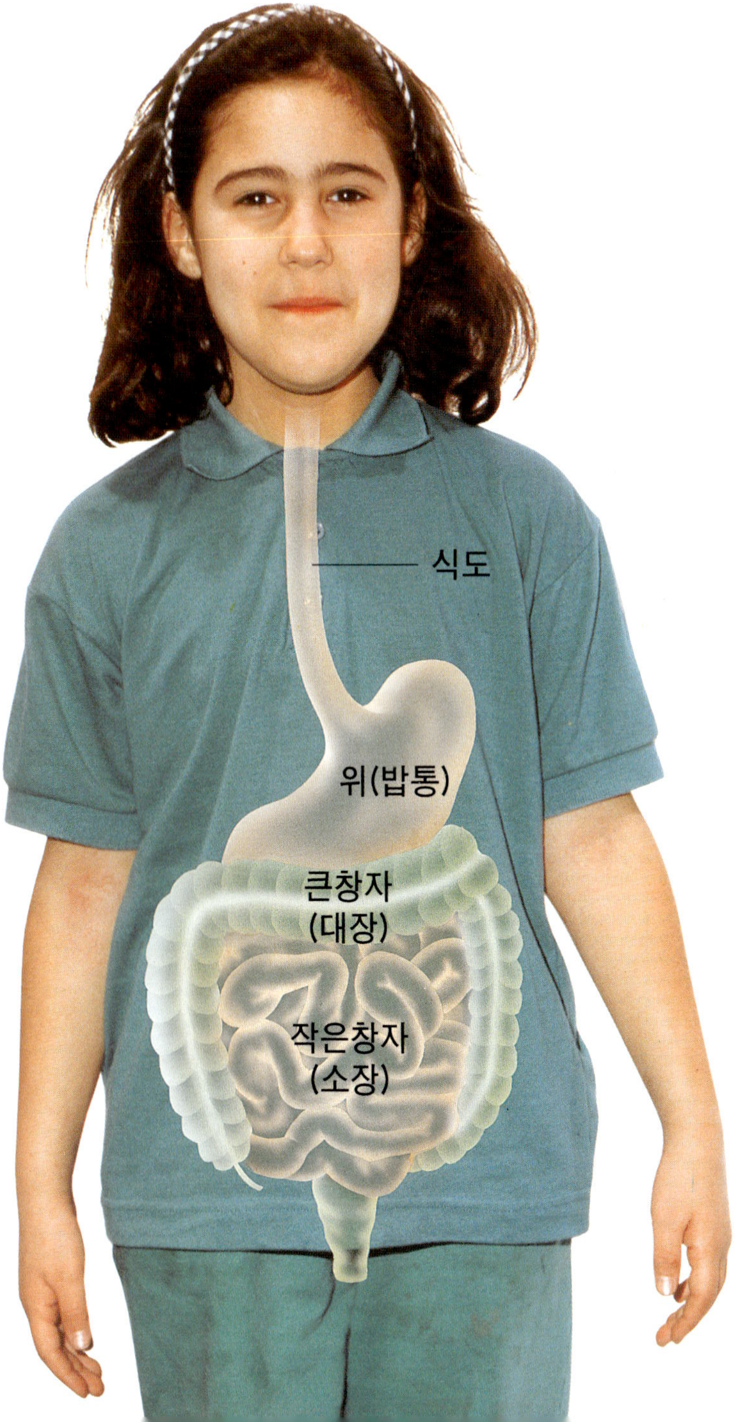

- 식도
- 위(밥통)
- 큰창자(대장)
- 작은창자(소장)

음식물은 잘게 부서지면서 천천히 소화돼요. 소화되면서 쓸모 있는 영양분과 쓸모없는 찌꺼기로 나뉘지요. 소화계에서 일을 끝내고 영양분이 피 속으로 옮겨지면 소화가 완전히 끝난 거예요. 그러면 피가 영양분을 온몸의 세포에게 골고루 나누어주지요.

**받은 소화계에서 영양분으로 흡수된다.**

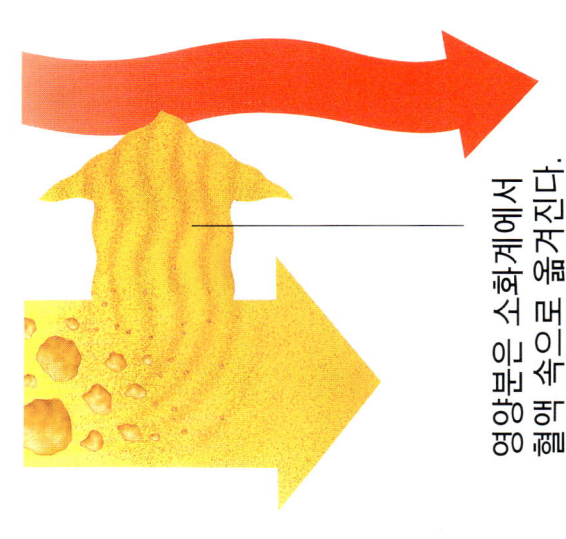

**영양분은 소화계에서 혈액 속으로 옮겨진다.**

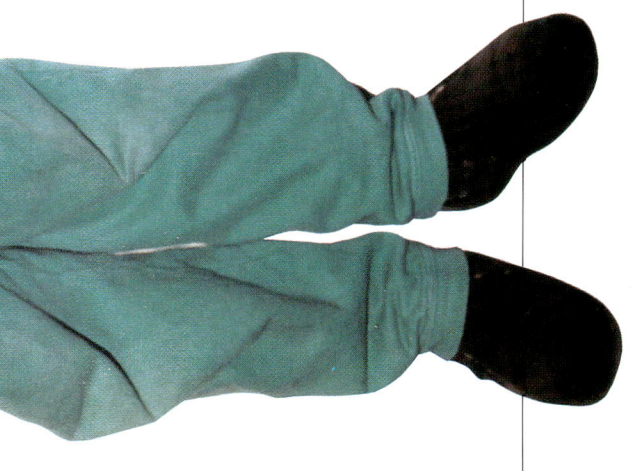

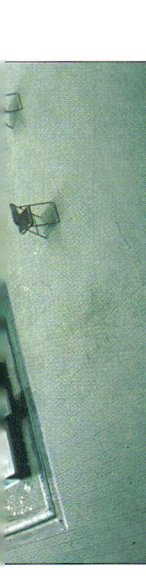

이것들을 한 줄로 모두 늘어놓으면 길이가 8미터쯤 되지요. 펼쳐놓으면 보통이 실내 수영장 넓이만큼이나 된답니다!

# 입

우리의 입은 부분에 따라 하는 일이 달라요. 사과를 먹을 때 앞니는 사과를 베어 물지요. 위아래 턱의 한가운데에 있는 이빨 여덟 개가 앞니인데, 앞니는 베고 자르는 데 쓰이고요, 앞니의 양쪽에 있는 송곳니 네 개는 베고 찢는 데 쓰여요.

일단 사과를 베어 물면, 혀가 이것을 어금니로 보내서 우적우적 씹게 하지요. 어금니는 앞니나 송곳니와 달리 넓적하고 위쪽이 우둘투둘해요.

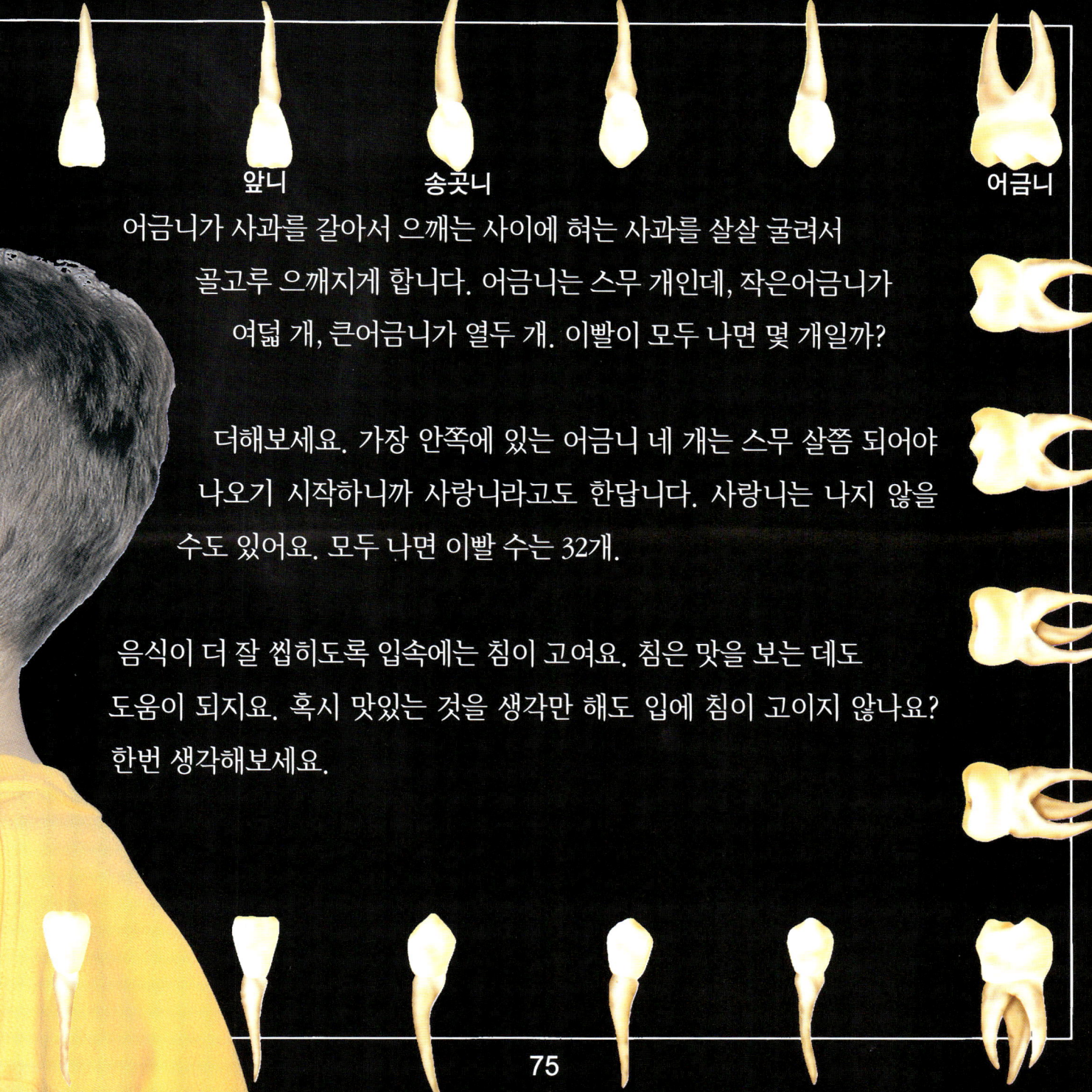

앞니  송곳니  어금니

어금니가 사과를 갈아서 으깨는 사이에 혀는 사과를 살살 굴려서 골고루 으깨지게 합니다. 어금니는 스무 개인데, 작은어금니가 여덟 개, 큰어금니가 열두 개. 이빨이 모두 나면 몇 개일까?

더해보세요. 가장 안쪽에 있는 어금니 네 개는 스무 살쯤 되어야 나오기 시작하니까 사랑니라고도 한답니다. 사랑니는 나지 않을 수도 있어요. 모두 나면 이빨 수는 32개.

음식이 더 잘 씹히도록 입속에는 침이 고여요. 침은 맛을 보는 데도 도움이 되지요. 혹시 맛있는 것을 생각만 해도 입에 침이 고이지 않나요? 한번 생각해보세요.

## 이빨 속 모습

이빨은 반쯤만 밖으로 나와 있어요.
반은 잇몸 속에 파묻혀 있어서 보이지 않아요.
보이는 부분은 하얀 법랑질(에나멜)로
감싸여 있는데, 우리 몸에서
가장 단단한 게 바로 이
법랑질이랍니다.

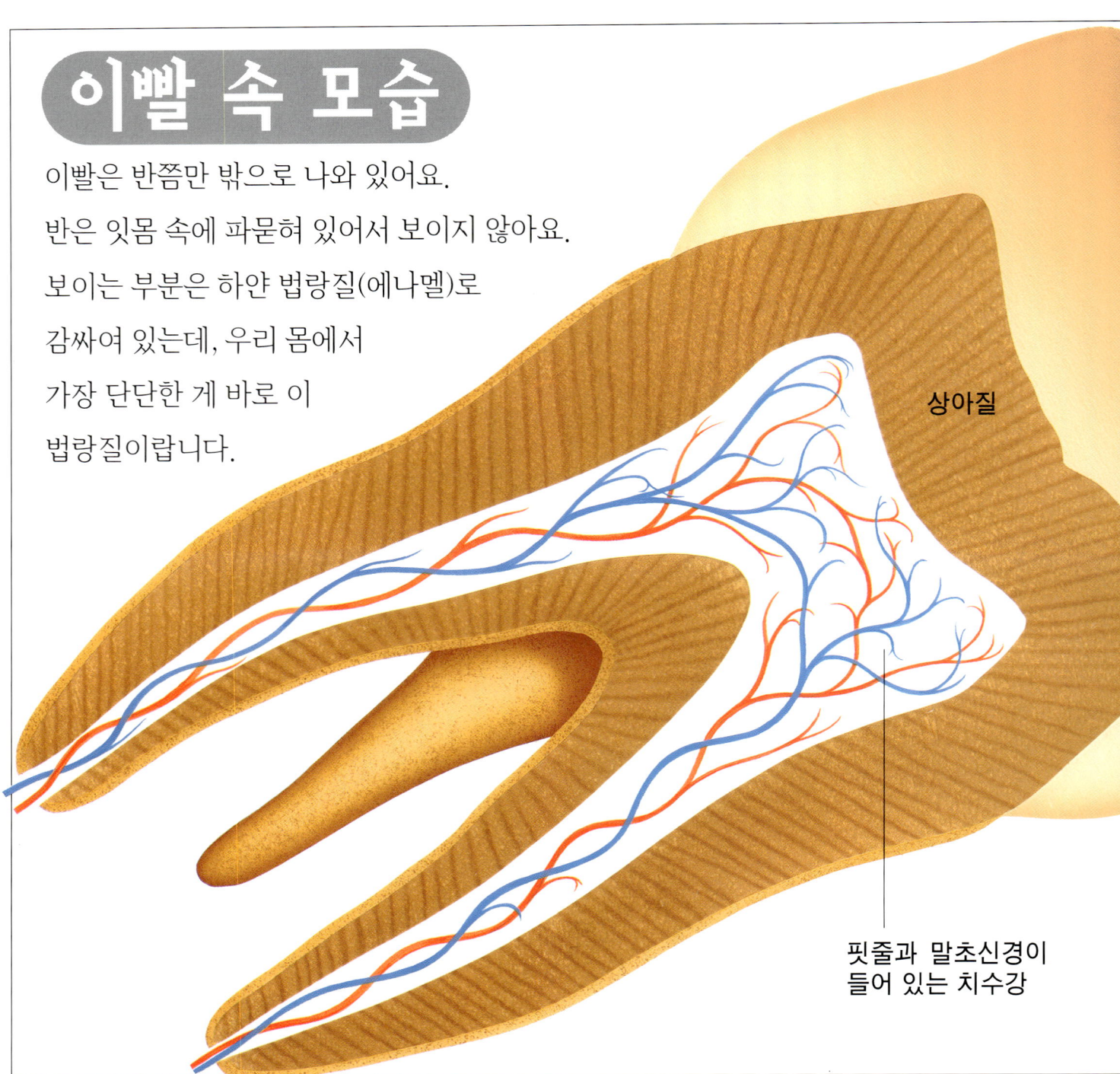

상아질

핏줄과 말초신경이
들어 있는 치수강

법랑질

법랑질 안쪽에는 뼈와 비슷한 상아질 층이 있어요. 상아질은 치수강이라고 불리는 말랑말랑한 곳을 감싸고 있지요.
이빨 치(齒) 골 수(髓) 몸속의 빈곳 강(腔). 뼛골이 아니라 이빨골이 들어 있는 몸속의 빈곳. 이 치수강에는 이빨혈관과 말초신경이 담겨 있어요. 이 말초신경 덕분에 이빨이 시리거나 아픈 것을 느낄 수 있지요.

상아질과 치수강 아래쪽에는 이빨뿌리가 있어요. 앞니는 뿌리가 하나뿐인데, 어떤 어금니는 뿌리가 두 개나 세 개랍니다. 이 뿌리는 턱뼈에 단단히 붙어 있지요.

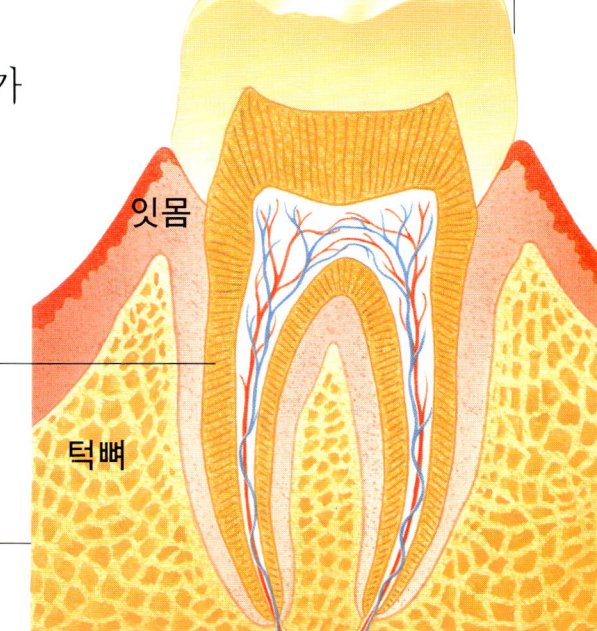

잇몸

이빨뿌리
(치근)

턱뼈

# 식도

혀는 으깬 음식물을 식도로 내려 보내요. 밥 식(食) 길 도(道). 식도는 밥길이라는 뜻. 음식물을 꿀꺽 삼키면, 후두덮개라는 뜻의 후두개가 숨길을 탁 막는답니다. 잘못해서 음식물이 숨길로 넘어가면 곤란하니까요. 어쩌다 후두개가 제때에 닫히지 않아서 음식물이 숨길로 들어가면? 심하게 기침을 하게 된답니다. 음식물을 숨길 밖으로 뱉어내려고요.

식도

으깬 음식

식도는 길이가 25센티미터쯤 되는 곧은 대롱 모양이에요. 식도의 벽은 근육으로 되어 있어서 꿈틀거리며 음식물을 아래로 내려보낸답니다.

식도는 저절로 꿈틀거려요. 식도근육이 어떻게 움직이는지 알아볼까요? 긴 양말 속에 작은 공을 넣어보세요. 그리고 손으로 공 위쪽의 양말을 꾸욱, 꾸욱, 눌러보세요. 그러면 공이 아래로 쓰윽, 쓰윽, 내려가는데, 식도도 그렇게 움직인답니다.

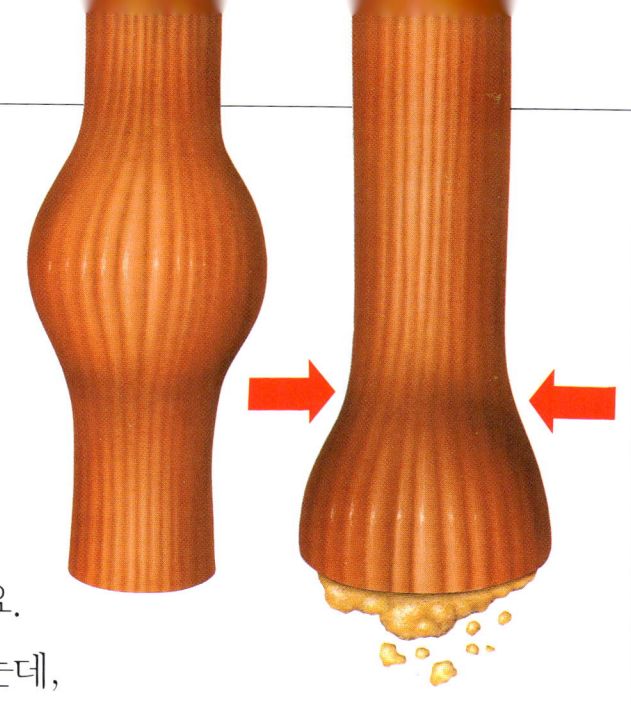

식도근육은 음식물을 위쪽에서 쥐어짜서 아래로 내려보낸다.

음식물은 위에서 아래로 쿵 떨어져 내리는 게 아니기 때문에, 어떤 자세로 먹어도 상관이 없답니다. 누워서 먹어도 되고, 물구나무를 서서 먹을 수도 있어요! 그래서 우주비행사들이 둥둥 떠다니며 밥을 먹을 수도 있지요.
(하지만 똑바로 앉아서 먹는 게 바람직하다는 걸 잊지 마세요.)

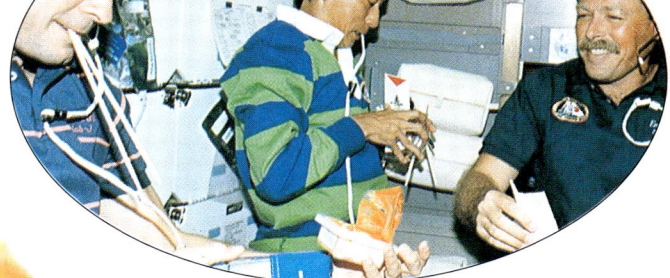

## 밥통 속 모습

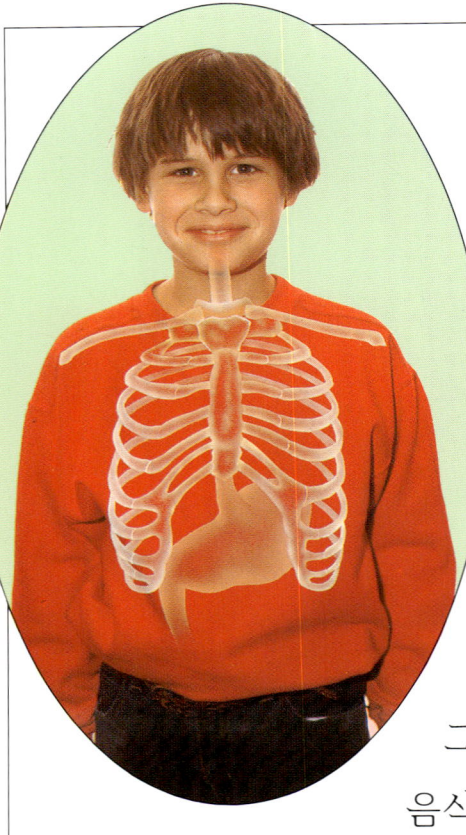

식도 아래에는 밥통이 있어요.
밥통이 한자말로는 위, 혹은 위장. 밥통 위(胃)
내장 장(臟). 위장은 권투장갑처럼 생겼어요.
갈비뼈 바로 아래쪽에 있는데, 음식물은
이곳에서 서너 시간 혹은 다섯 시간까지
머문답니다.

그동안 위벽에서 나오는 액체인 위액과
음식물이 뒤섞이지요. 위액은 음식물
속의 세균을 죽이고, 음식물을 더 잘게
흐트러뜨려요. 이빨로 으깬 음식물이
위장에서 걸쭉한 죽처럼 바뀌면,
이제 작은창자로 보낼 때가
된 거예요.

뒷문(유문)              죽이 된 음식

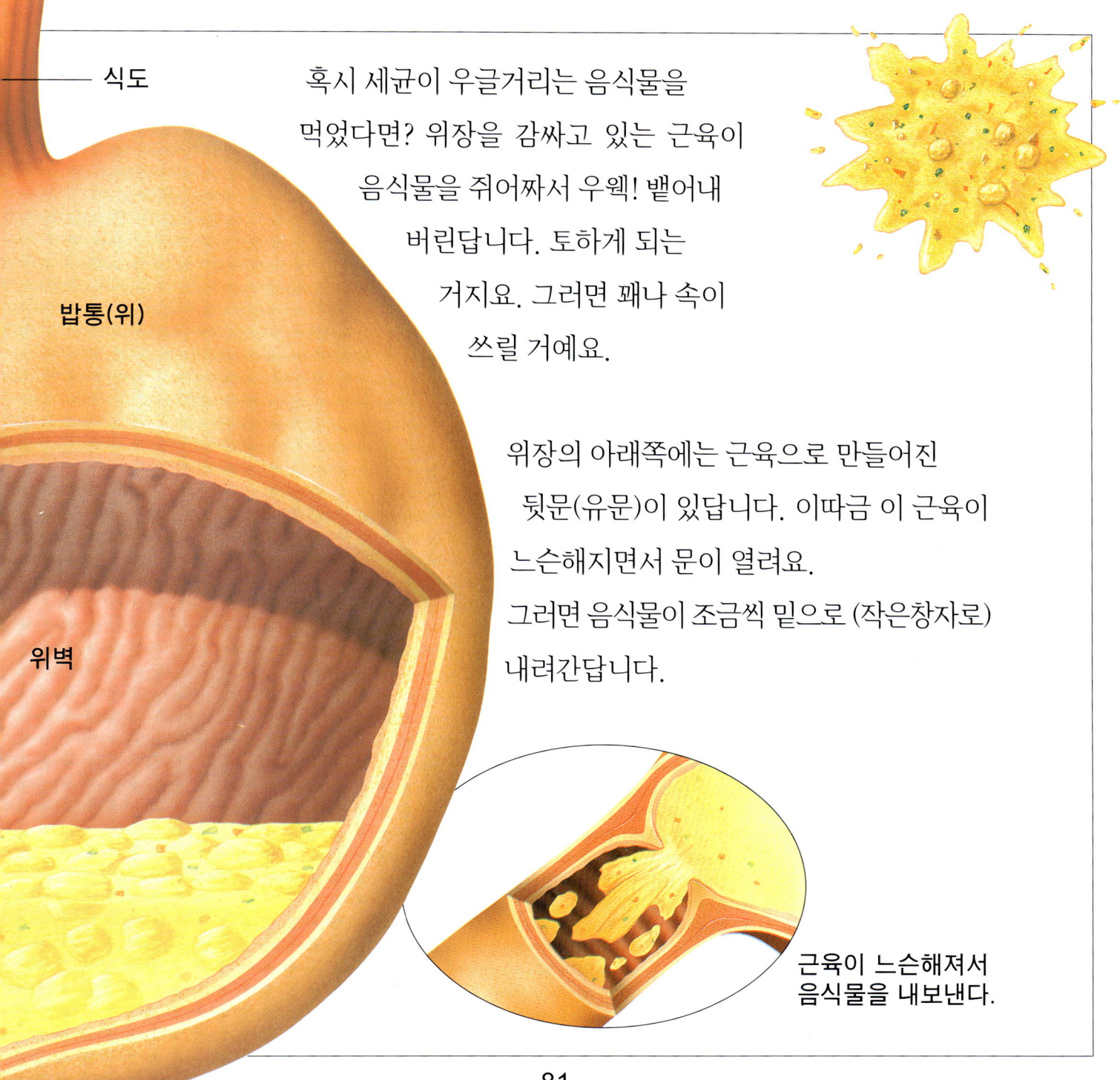

식도

밥통(위)

위벽

혹시 세균이 우글거리는 음식물을 먹었다면? 위장을 감싸고 있는 근육이 음식물을 쥐어짜서 우웩! 뱉어내 버린답니다. 토하게 되는 거지요. 그러면 꽤나 속이 쓰릴 거예요.

위장의 아래쪽에는 근육으로 만들어진 뒷문(유문)이 있답니다. 이따금 이 근육이 느슨해지면서 문이 열려요. 그러면 음식물이 조금씩 밑으로 (작은창자로) 내려간답니다.

근육이 느슨해져서 음식물을 내보낸다.

# 작은창자

작은창자는 길이가 7미터나 돼요. 어린이를 다섯 명쯤 눕혀놓은 것만큼 길지요. 음식물이 작은창자를 지나가는 데 걸리는 시간은? 약 네 시간.

작은창자의 첫 부분에서는 이자(췌장)에서 나온 이자액(췌액)과 간에서 나온 쓸개즙이 음식물과 뒤섞여서 음식물을 더욱 잘게 흐트러뜨린답니다.

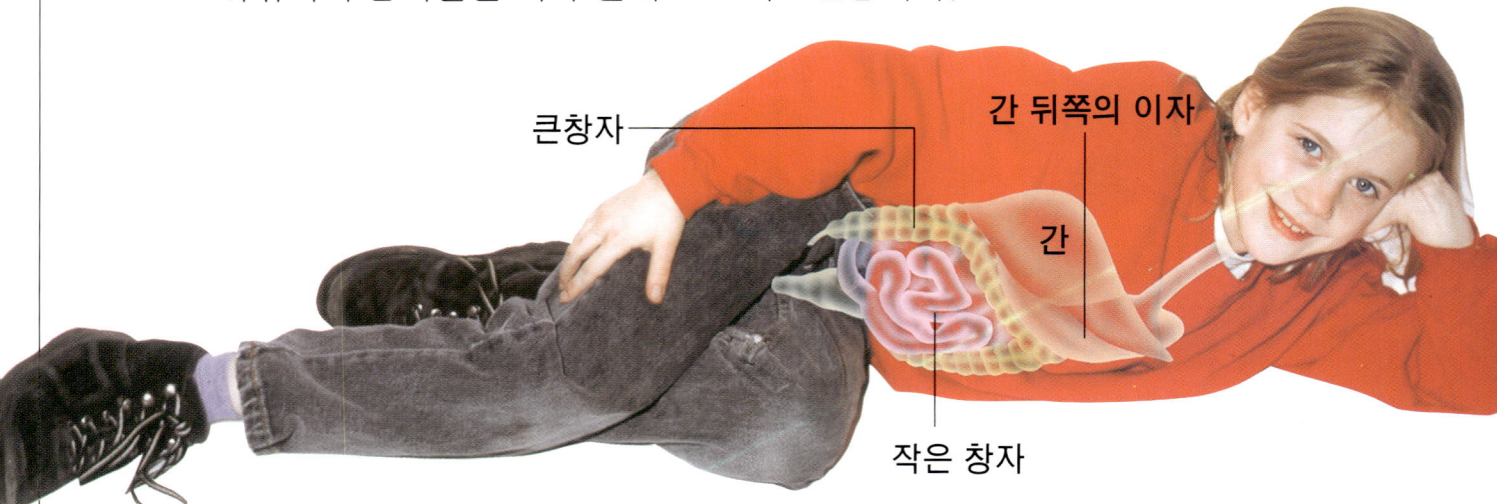

작은창자를 지나갈수록 음식물은 점점 더 고운 죽이 돼요.

거의 액체가 된 음식물이 작은창자 끝에 이르면 창자벽을 통해 피 속으로 영양분이 흡수되기 시작해요. 이 벽에는 융모가 촘촘히 돋아 있답니다. 영양분을 잘 빨아들이기 위해서지요. 융모(絨毛)는 융단 같은 털이라는 뜻인데, 손가락 모양이에요.

이렇게 빨아들인 영양분을 피가 간으로 실어 나른답니다.

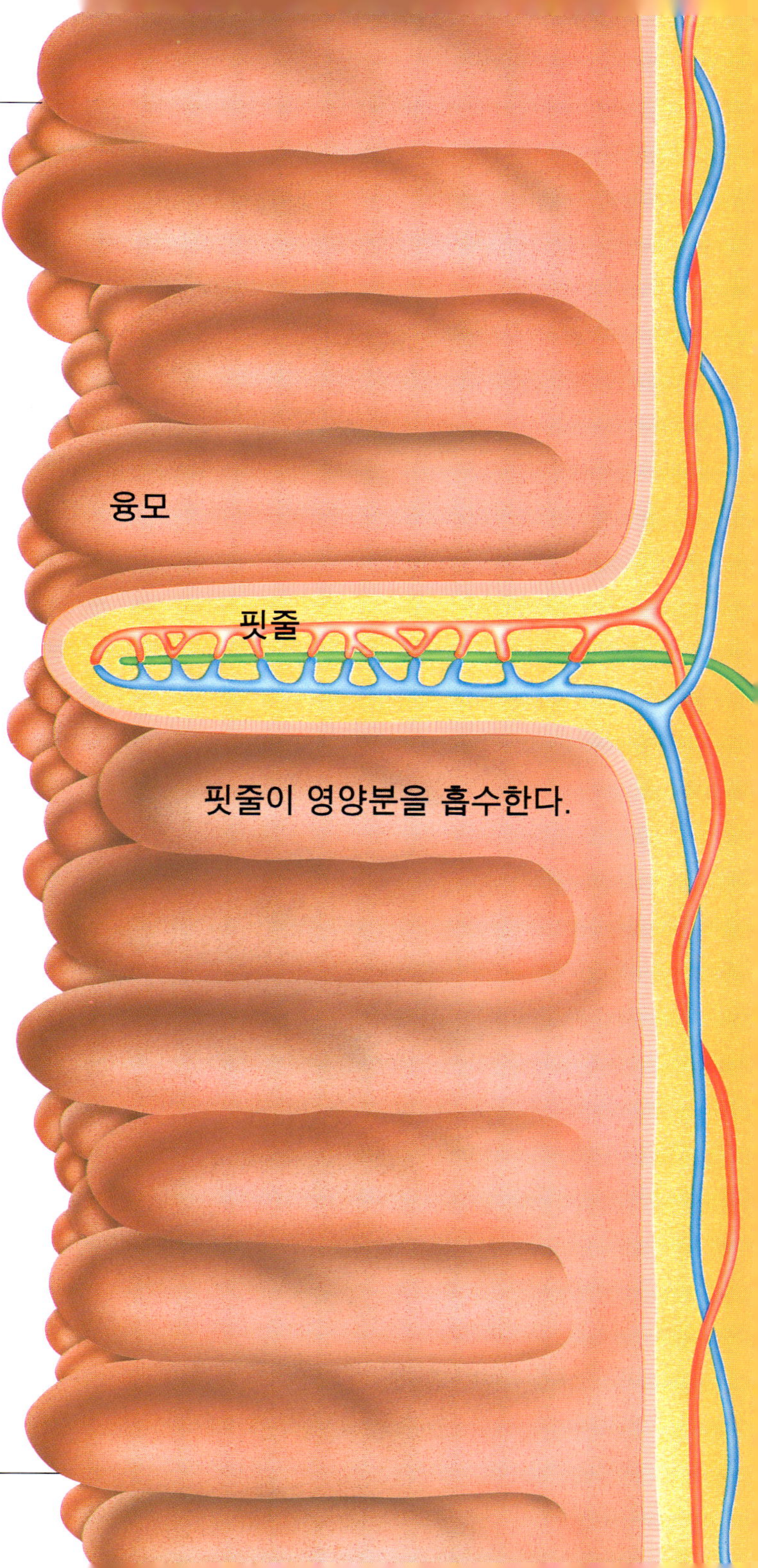

융모

핏줄

**핏줄이 영양분을 흡수한다.**

# 간

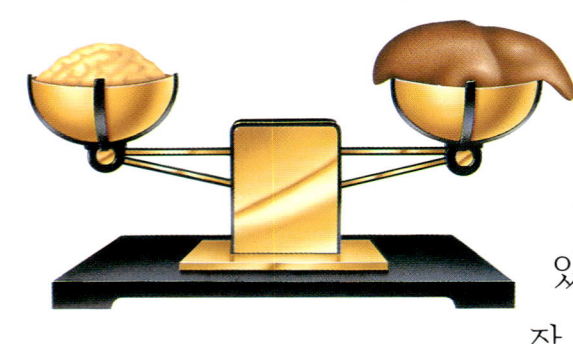

간은 횡격막 바로 아래쪽에 있는데, 갈비뼈가 잘 감싸고 있답니다.
무게는 1~2킬로그램. 체중의 3%쯤 되는데, 이것은 뇌의 무게와 같답니다.
내장 가운데 가장 큰 것이 바로 간.

간에서는 영양분을 세포들이 쓸 수 있도록 곱게 다듬어서 새로 요리를 한답니다. 우선 피와 영양분에서 찌꺼기를 걸러내지요.
이 찌꺼기 가운데 일부는 재활용해서 쓸개즙으로 만든답니다.

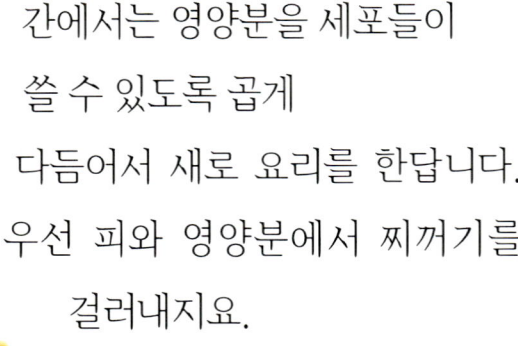

간

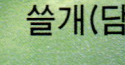
쓸개(담)

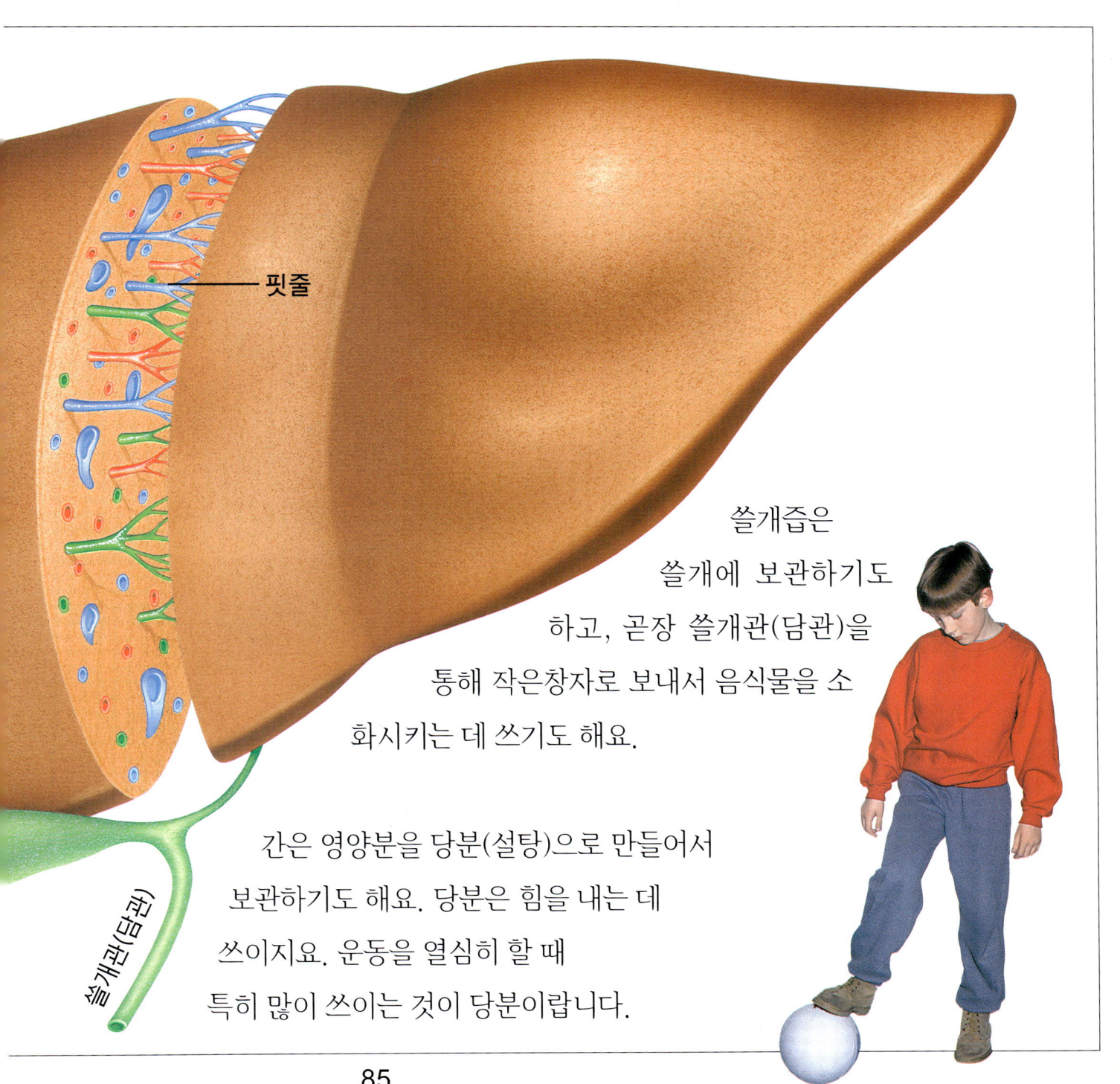

핏줄

쓸개관(담관)

쓸개즙은 쓸개에 보관하기도 하고, 곧장 쓸개관(담관)을 통해 작은창자로 보내서 음식물을 소화시키는 데 쓰기도 해요.

간은 영양분을 당분(설탕)으로 만들어서 보관하기도 해요. 당분은 힘을 내는 데 쓰이지요. 운동을 열심히 할 때 특히 많이 쓰이는 것이 당분이랍니다.

## 큰창자

큰창자는 작은창자와 직장 사이에 있어요. 직장은 곧을 직(直) 창자 장(腸).
큰창자는 작은창자보다 더 굵지만 길이는 짧아요. 음식물이 큰창자 입구부터
종구까지 가는 데에는 24시간쯤 걸린답니다.

작은창자에서 소화되지 않은 음식물과 물이 큰창자를 지나가는 동안 큰창자
벽을 통해 물이 흡수돼요. 그러면 음식물 찌꺼기만 남게 되지요. 그건 천천히 굳어요.
직장에 이르렀을 때는 제법 단단하게 굳는데, 이것이 바로 똥! 이것은 화장실로
달려가기 전까지 직장에 차곡차곡 쌓여요.

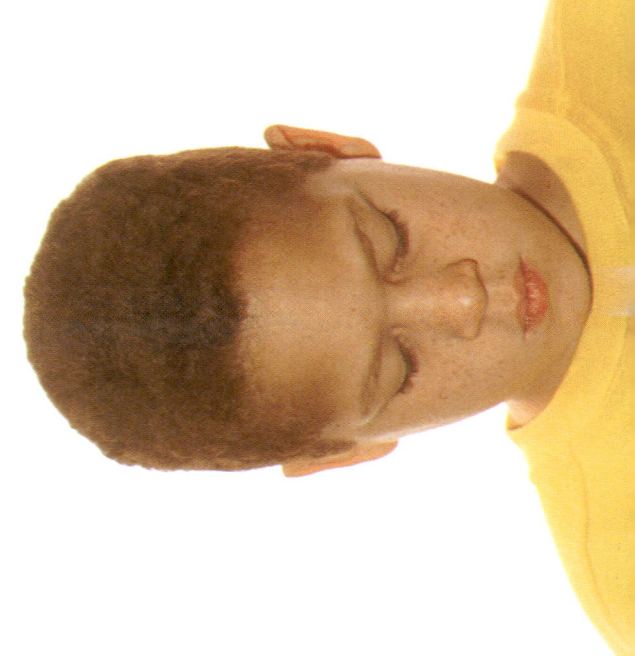

## 여섯 번째 이야기
# 감각

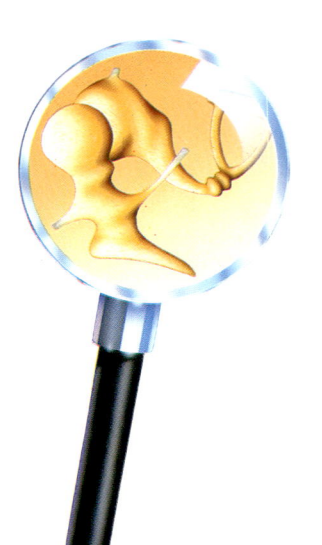

눈 속 모습 ● 90

한 눈으로 보면 ● 92

근시, 원시, 색맹 ● 93

귓속 모습 ● 94

균형 ● 96

냄새 ● 98

맛 ● 100

촉각 ● 102

# 머리말

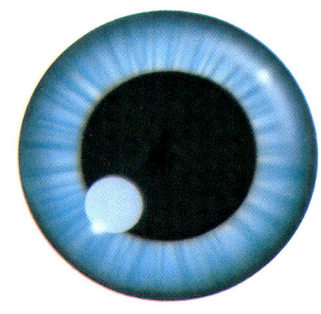

매일 매순간마다 우리는 세상에 대한 어마어마한 정보를 수집하고 있답니다. 무슨 정보? 매일 매순간 우리가 얼마나 많은 것을 보고, 듣고, 냄새 맡고, 맛보고, 만지는지 생각해본 적이 있나요? 그게 다 바깥세상에 대한 정보예요.

이 정보를 낱낱이 글로 옮겨적으려면 하루에 공책이 수백 권은 필요할 거예요. 이 정보는 감각기관을 통해 얻게 되는데, 우리에겐 다섯 가지의 감각기관이 있답니다. 눈, 귀, 코, 혀, 살갗. 이 다섯 가지를 오관이라고 하는데, 다섯 오(五) 기관 관(官). 오관을 통해 정보를 얻지 못하면 바깥세상에 대해 아무것도 알 수가 없어요. 호랑이가 다가와서 으르렁거리면서 혓바닥으로 여러분의 얼굴을 날름날름 핥아대도 전혀 알 수 없어요. 오관의 정보는 신호로 바뀌어서 신경계를 통해 뇌로 전달된답니다.

## 눈 속 모습

눈은 빛을 느끼는 감각기관이에요.
파란 눈도 있지만, 우리나라 사람들의 눈동자는 대개 흑갈색.
이 흑갈색 부분이 눈조리개(홍채)랍니다. 어두운 곳에서는 빛을
많이 받아들이기 위해 눈조리개가 커지고, 환한 곳에서는 작아져요.
눈조리개 안쪽에는 안경알 같은 구실을 하는 수정체가 있어요.

수정(水晶)처럼 생긴 물체(體).

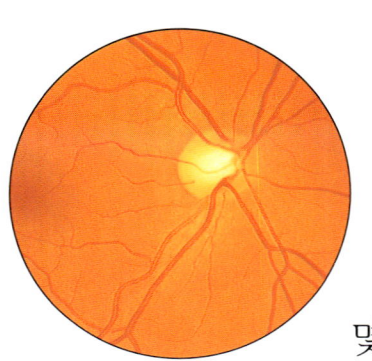

수정체는 말랑말랑하고 자그마한데, 눈으로
들어오는 빛을 굴절시켜서 망막에 비쳐준답니다.
망막은 현미경으로만 볼 수 있을 만큼 아주 얇은데,
수많은 시세포로 이루어져 있어요. 볼 시(視). 시세포는
몇 개나 될까? 1억 개 이상! 이 시세포에 비친 모습이 신호로
바뀌어 시신경을 통해 뇌로 전달되지요.
그런데 망막에 비친 벌의 모습이 거꾸로
되어 있지요? 뇌에서는 거꾸로 된 모습을
바로잡아서 그것의 모습과 색깔과
크기 등을 알아낸답니다.

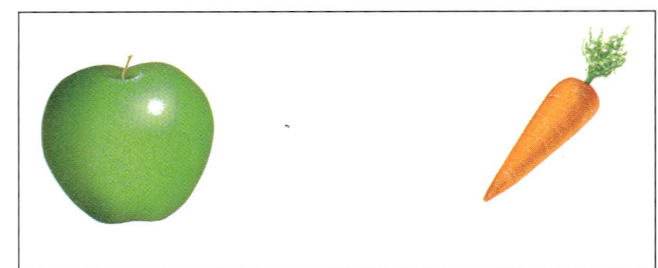

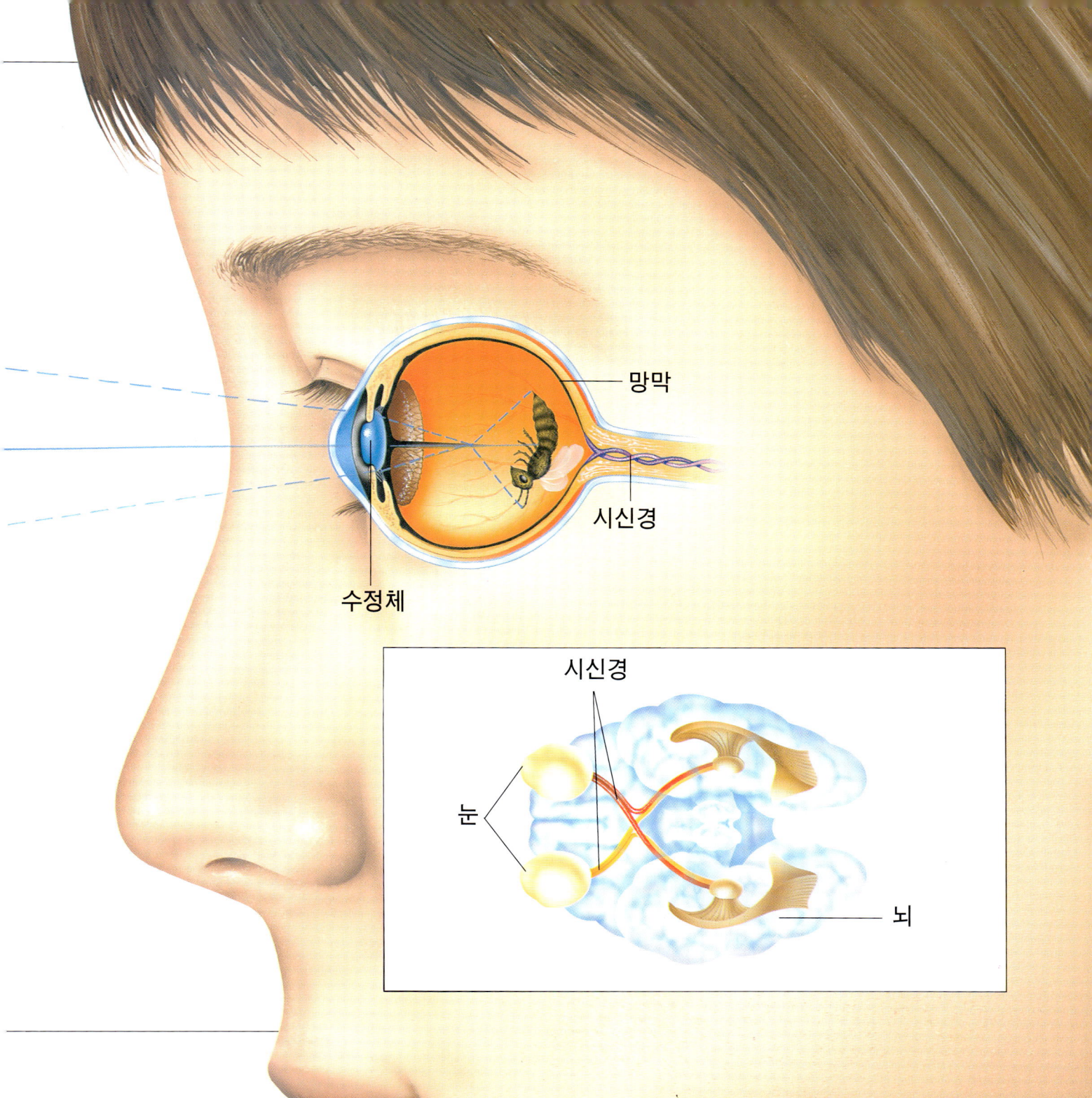

## 한 눈으로 보면

펜을 쥐고 팔을 쭉 뻗으세요. 그리고 왼쪽 눈을 가리고 바라보세요. 펜과 벽시계가 겹치게 해보세요. 이제 오른쪽 눈을 가리고 왼쪽 눈으로 바라보세요. 펜을 쥔 손은 움직이지 말고요. 어떻게 보이나요?
팔을 움직이지 않았는데도 펜이 오른쪽으로 옮겨간 것처럼 보이지요?
그것은 두 눈이 서로 다른 각도에서 바라보기 때문이에요.

두 눈의 각도 차이 덕분에 우리는 거리감을 잘 느낄 수 있어요. 한 눈으로만 보면 어느 것이 좀더 가까이 있고 어느 것이 좀더 멀리 있는지 잘 알 수가 없답니다.

## 근시, 원시, 색맹

근시이거나 원시인 사람이 많아요. 가까울 근(近) 볼 시(視). 눈에 가까이 있는 것은 똑똑히 보이지만, 멀리 있는 것은 뿌옇게 보이는 게 근시랍니다. 멀 원(遠) 볼 시(視). 멀리 있는 것을 똑똑히 볼 수 있지만, 가까이 있는 것은 아주 작게 보이는 경우랍니다. 원시는 돋보기 안경을, 근시는 졸보기 안경을 끼면 제대로 보이지요.

원시 / 근시

색맹이라는 것도 있는데, 빛 색(色) 보지 못할 맹(盲). 눈으로 보긴 보지만 빛깔은 알아보지 못하는 게 색맹이에요. 주로 붉은색과 초록색을 구별하지 못해요. 그림 속의 숫자가 보이나요? 색맹은 이 숫자를 알아보지 못한답니다.

## 귓 속 모 습

귓바퀴는 소리를 모아서, 귓구멍 속 고막에 소리가 잘 울리도록 하는 구실을 해요.

고막은 새끼손가락 손톱만한 얇은 피부인데, 귓구멍 안쪽을 막고 있지요. 소리는 곧 공기의 진동이에요. 떨 진(振) 움직일 동(動). 파르르 떠는 공기가 고막을 파르르 떨게 하고, 이 고막의 진동이 세 개의 작은 뼈 (망치뼈, 모루뼈, 등자뼈)를 진동시키고, 이어서 달팽이관을 진동시켜요.

달팽이관 속에는 액체가 들어 있는데, 털 모양의 말초신경이 잔뜩 돋아 있어요. 액체가 파르르 떨리면 털도 파르르 떨리면서 소리신호를 뇌로 전달해요. 그러면 그게 대체 무슨 소리인지를 뇌가 척척 알아내지요.

귓밥 — (귀지)샘

귓구멍

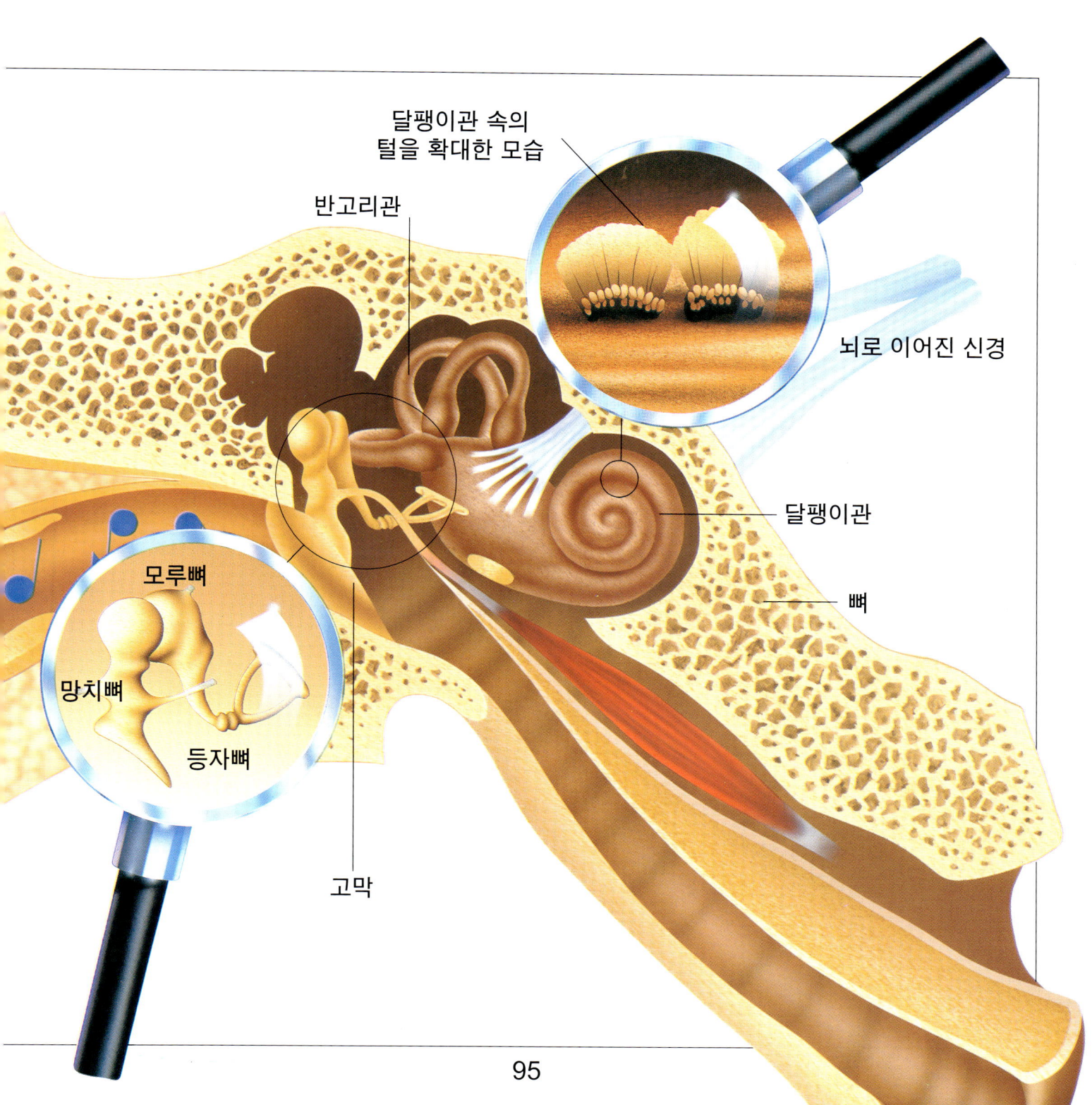

## 균형

귀로는 소리를 듣기만 하는 것이 아니랍니다. 몸이 기우뚱할 때 그걸 알아차리는 것도 귀! 달팽이관 옆에는 반쪽 고리 같은 관(반고리관)이 세 개 있어요. 이걸 한자말로는 삼반규관이라고 해요. 석 삼(三), 반쪽 반(半), 원을 그리는 기구 규(規), 대롱 관(管). 이 삼반규관에는 액체가 들어 있어요. 머리가 움직이면 이 액체가 출렁출렁하고, 머리털 같은 말초신경이 흔들흔들하면서 이 신호를 뇌로 전달하지요.

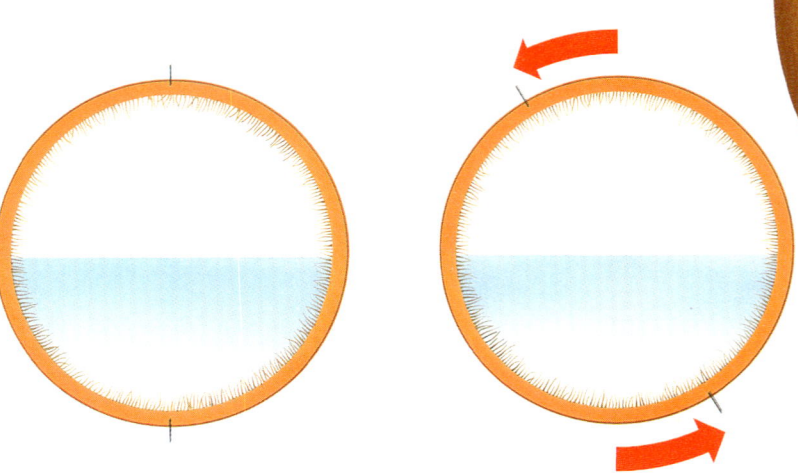

머리가 움직이면 세 개의 반고리관(삼반규관) 속의 액체도 움직인다.

반고리관

그러면 지금 자기 몸의 자세가 기울어졌는지 똑바른지를 뇌가 알아낸답니다.

유리병에 물을 담은 후 병을 흔들어서 물을 뱅뱅 돌려 보세요. 그러다가 병을 딱 멈추면? 그래도 물은 계속 뱅뱅 돌지요?

뇌로 이어진 신경

여러분의 몸이 뱅뱅 돌다가 딱 멈추었을 때도 같은 일이 일어난답니다. 반고리관 속의 액체는 계속 뱅뱅 돌고 있는 거예요. 그곳의 말초 신경은 계속 뱅뱅 돌고 있다는 신호를 뇌로 보내요.

그런데 눈으로 본 세상은 딱 멈추어 있어요. 눈에서 보낸 신호와 반고리관에서 보낸 신호가 달라요. 그래서 뇌가 헷갈린 나머지 어질어질한 거랍니다.

# 냄새

알고 있는 냄새의 종류를 모두 써보세요.

그 가운데 좋아하는 냄새는? 싫어하는 냄새는? 믿거나 말거나, 놀랍게도 우리의 뇌는 10,000가지 이상의 냄새를 구별할 수 있답니다!

숨을 들이쉴 때, 공기가 우리 코 속(비강)으로 빨려 들어오죠.

코 비(鼻) 몸속의 빈곳 강(腔). 비강 천장에는 수백만 개의 작은 털이 촘촘히 나 있어요. 이 털은 끈적한 점액 속에 뿌리를 내리고 있답니다. 물속의 갈대처럼! 공기 속의 냄새 알갱이가 이 점액에 달라붙어서 털에 닿으면, 털 속의 말초신경이 이 신호를 뇌로 전달하지요. 그러면 그게 무슨 냄새인지를 뇌가 알아낸답니다.

어떤 냄새는 우리를 행복하게 해요. 그런데 우리를 슬프게 하거나, 배고프게 하거나, 구역질나게 하는 냄새도 있어요. 썩은 냄새나 타는 냄새는 우리에게 위험을 알려주지요

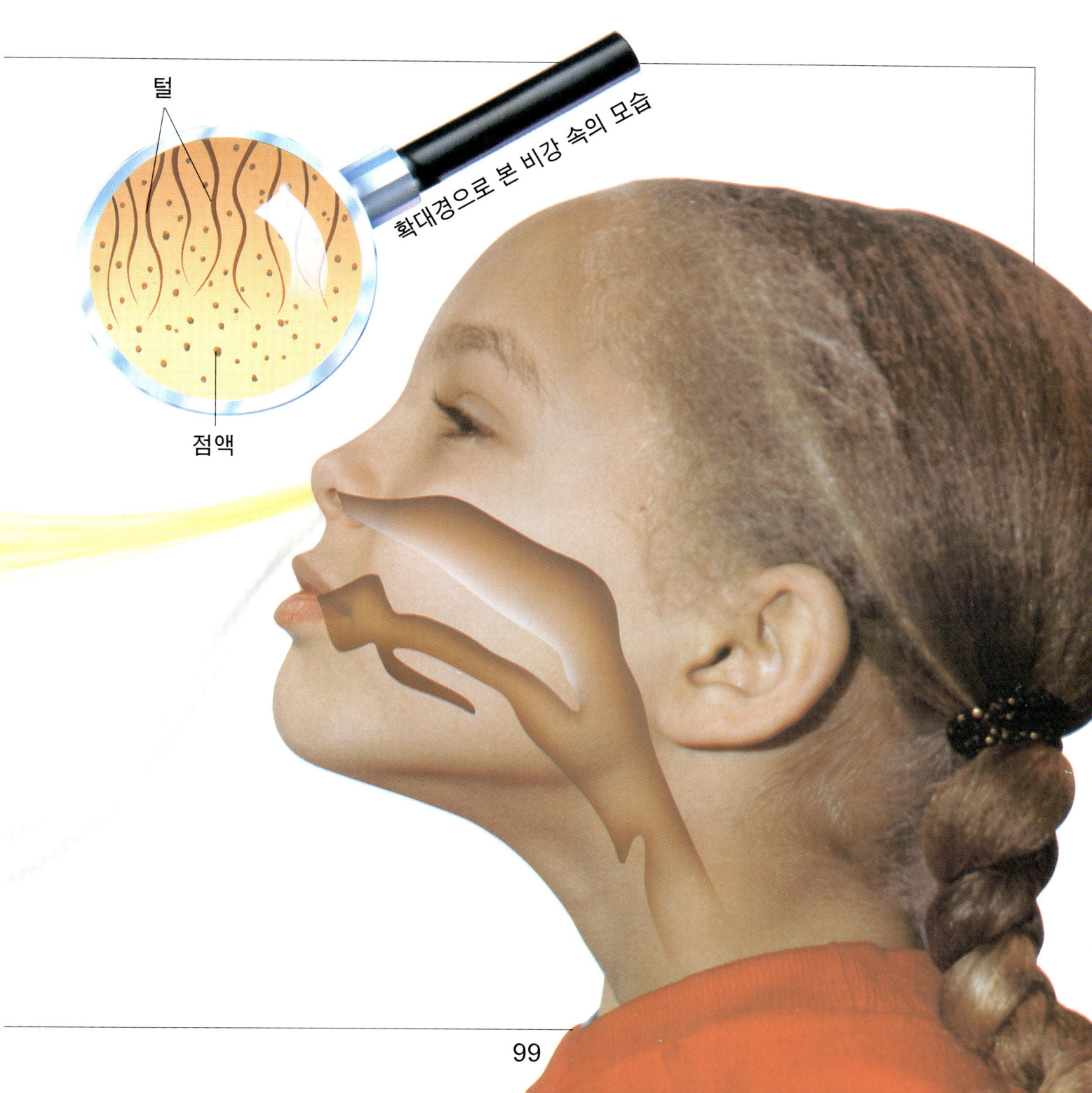

## 맛

혀를 거울에 비춰보세요.
아주 작지만 오돌토돌한 게
보이죠? 이걸 미뢰라고 해요.
맛 미(味) 꽃망울 뢰(蕾).
맛의 꽃망울? 생긴 게 작은 꽃망울 같아서
그런 이름을 갖게 되었을 거예요.

미뢰는 종류에 따라 서로 다른 맛을 느낀답니다.
단맛, 짠맛, 신맛, 쓴맛 등. 면봉 여러 개에 각각 설탕,
소금, 레몬(신맛), 커피 가루(쓴맛) 등을
묻혀서 혀에 대보세요.
그러면 혀의 어디에서
어떤 맛을 가장 잘 느끼는지
알 수 있을 거예요.

쓴맛

신맛

뇌가 다른
보다 적다

단맛과 짠맛

이제 마른 수건으로 혀를 닦아내세요.
그리고 혀 위에 설탕을 올려놓아 보세요. 얼마나 시간이 지나야 단맛이 느껴지나요?

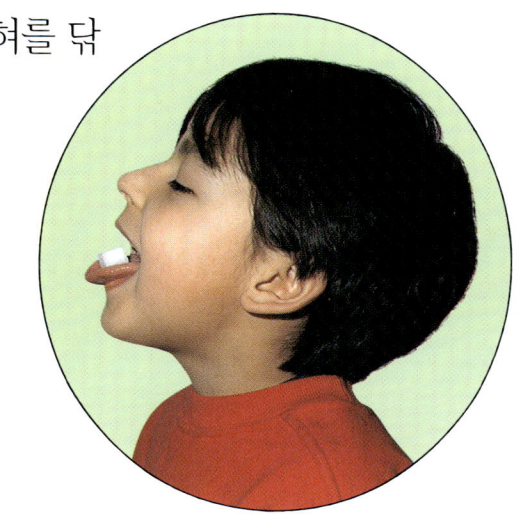

침이 없으면 맛을 느낄 수가 없다는 걸 알 수 있을 거예요.
우리는 냄새로도 맛을 느껴요. 코를 틀어쥐고 사과와 배를 먹어보세요. 그게 사과인지 배인지 혀로 구별할 수 있나요?
아마 그리 쉽지 않을 거예요.
그래서 감기에 걸려 코가 막혔을 때에도 맛을 잘 느끼지 못하는 거랍니다.

## 촉 각

살갗에는 수많은 말초신경이 자리 잡고 있어요. 그래서 몸에 닿는 것에 대한 정보를 얻을 수가 있지요.

눈을 감고 여러 가지 과일을 만져보세요. 무슨 과일인지 알아맞힐 수 있나요? 여러 가지 다른 물건으로도 실험을 해보세요.

살갗에 있는 말초신경은 뜨거운 것과 차가운 것, 매끄러운 것과 꺼칠한 것을 구별할 수 있어요. 살갗이 눌리는 것과 아픈 것도 느낄 수 있어요.

이 말초신경의 종류는 스무 가지가 넘는답니다. 그래서 여러 가지 촉각신호를 뇌로 전달해주지요. 닿을 촉(觸) 감각 각(覺).

말초신경 가운데 아픔을 느끼는 신경이 가장 많아요.

어떤 말초신경으로는 작은 아픔만 느끼고, 어떤 것으로는 심한 아픔만 느낀답니다.

아픔을 못 느끼면 좋을 것 같지만, 그러면 위험을 알아차릴 수 없어서 얼른 피할 수가 없어요. 아픔도 몸을 지키기 위해 꼭 필요한 거랍니다.

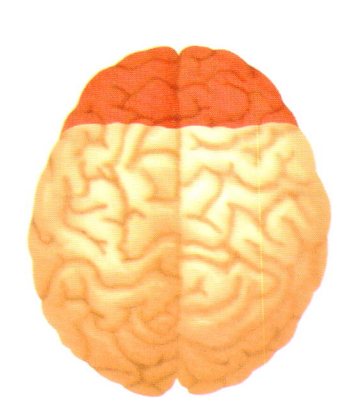

 일곱 번째 이야기

# 뇌

뇌 ● 106

신경계 ● 108

신경 신호 ● 110

큰골(대뇌) ● 112

배우기 ● 114

기억 ● 116

잠 ● 118

작은골(소뇌) ● 120

뇌간(연수) ● 121

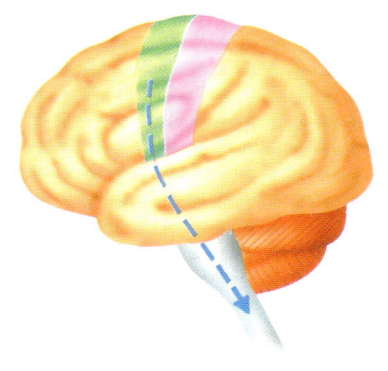

# 머리말

마침내 뇌의 세계에 온 것을 환영해요! 뇌야말로 가장 신비한 곳이거든요. 우리가 움직이고 숨을 쉬고 느끼고, 생각하고 배우고 외우고, 꿈을 꾸는 일까지 하는 것이 바로 뇌랍니다.

뇌는 수많은 신경세포가 커다랗게 뭉쳐 있는 기관이에요. 이 뇌는 온몸에 그물처럼 뻗어 있는 신경과 연결되어 있어요. 이 신경을 통해 온몸의 신호가 뇌로 전달되고, 뇌에서 내리는 명령이 또 이 신경을 통해 온몸으로 전달된답니다.

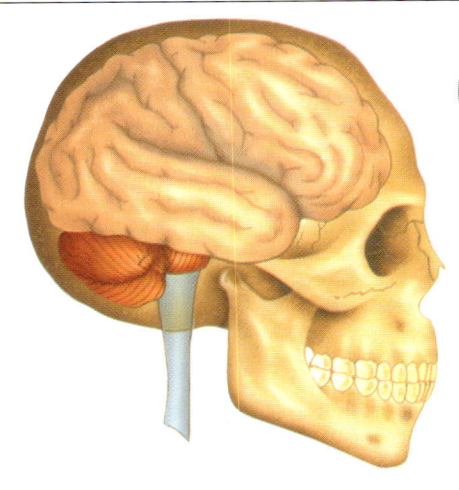

우리 머리의 위쪽 반 정도는 뇌로 가득 차 있어요.
뇌는 복잡하게 주름이 잡혀 있는데, 만져보면
약간 단단한 젤리 같아요. 뇌의 4분의 3 이상이
수분이어서, 머리뼈로 잘
감싸여 있지 않으면
흐늘흐늘 흩어져버릴 거예요.

뇌는 크게 세 부분으로
나눌 수 있어요.
가장 큰 부분은
대뇌(큰골)인데,
호두처럼 두 쪽으로
나뉘어 있어요.
대뇌에서는 주로
생각을 해요.

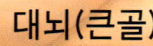
대뇌(큰골)

가고 싶은 곳으로 가고, 어려운 문제를 풀고, 기억을 하는 곳도 대뇌랍니다.

대뇌 아래쪽 뒤에 있는 것이 소뇌(작은골). 소뇌는 우리 몸의 수많은 근육이 서로 사이좋게 움직이도록 한답니다. 또한 귓속 반고리관의 신호를 받아서 몸의 균형을 잡는 일도 하지요.

마지막으로 뇌간(연수). 머리 뇌(腦).줄기 간(幹). 뇌의 줄기라는 뜻의 뇌간은 심장이 뛰고, 숨을 쉬고, 음식을 소화시키는 일을 맡고 있어요.

소뇌(작은골)

뇌간(연수)

# 신경계

대뇌와 소뇌와 뇌간은 서로 힘을 합쳐서 신호를 주고받으면서 우리 몸의 기능을 통제하고 조절해요. 이 신호는 머리카락 같은 신경을 통해 전달되지요.

어떤 신호는 뇌로 직접 전달되지만, 대개는 등뼈(척수) 속에 있는 기다란 신경 다발인 척수를 통해 전달돼요. 뇌와 마찬가지로 척수도 4분의 3 이상이 수분이랍니다.

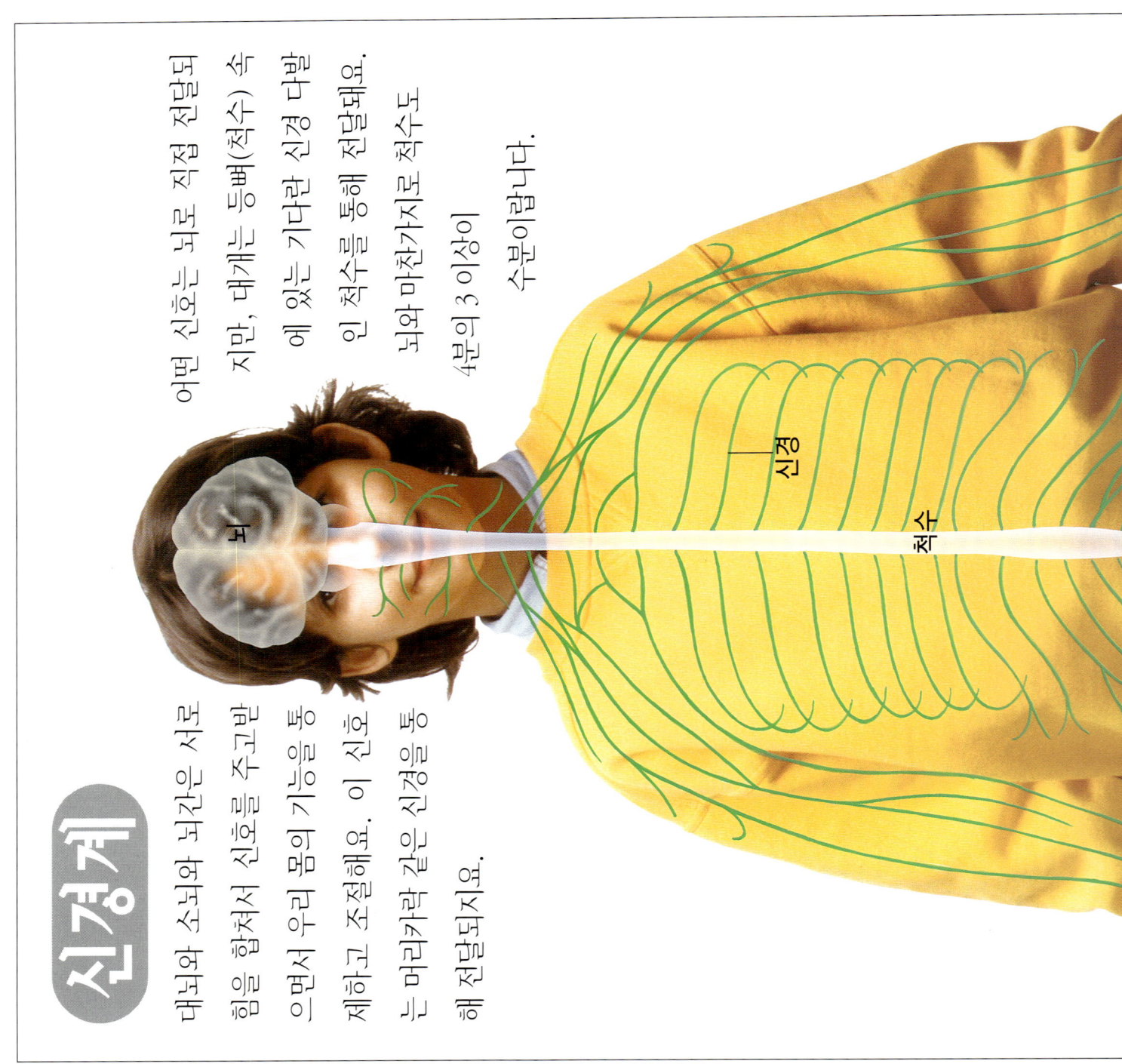

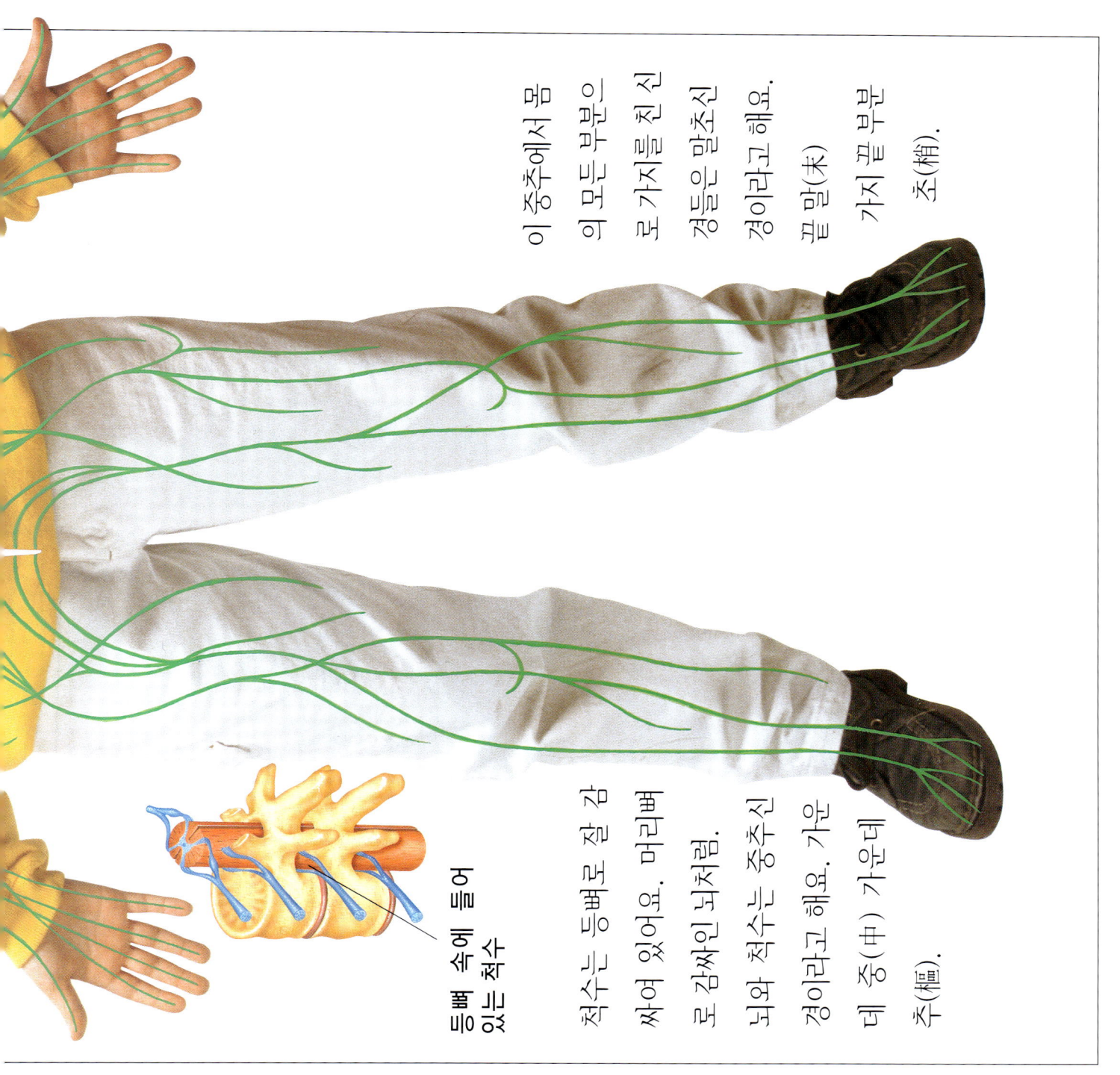

척수는 등뼈로 잘 감싸여 있어요. 머리뼈로 감싸인 뇌처럼. 뇌와 척수는 중추신경이라고 해요. 가운데 중(中) 가운데 추(樞).

등뼈 속에 들어 있는 척수

이 중추에서 몸의 모든 부분으로 가지를 친 신경들은 말초신경이라고 해요. 끝 말(末) 가지 끝 부분 초(梢).

## 신경 신호

말벌이 손가락에 내려앉았다! 이때 우리 몸에서는 무슨 일이 일어날까요?

먼저 눈으로 본 시각신호가 뇌로 전달돼요. 뇌는 말벌이 위험하다고 생각해서 곧바로 근육더러 손을 움직이라는 명령신호를 내려보내요.

손을 옆으로 탈탈 털 것인지, 위아래로 움직일 것인지를 순식간에 생각해서 명령을 내리지요.

이렇게 자기 뜻에 따라 움직이는 근육을 수의근이라고 해요.

따를 수(隨),
뜻 의(意),
힘줄 근(筋).

이 힘줄로 움직이는 것은 수의 운동이라고 해요.

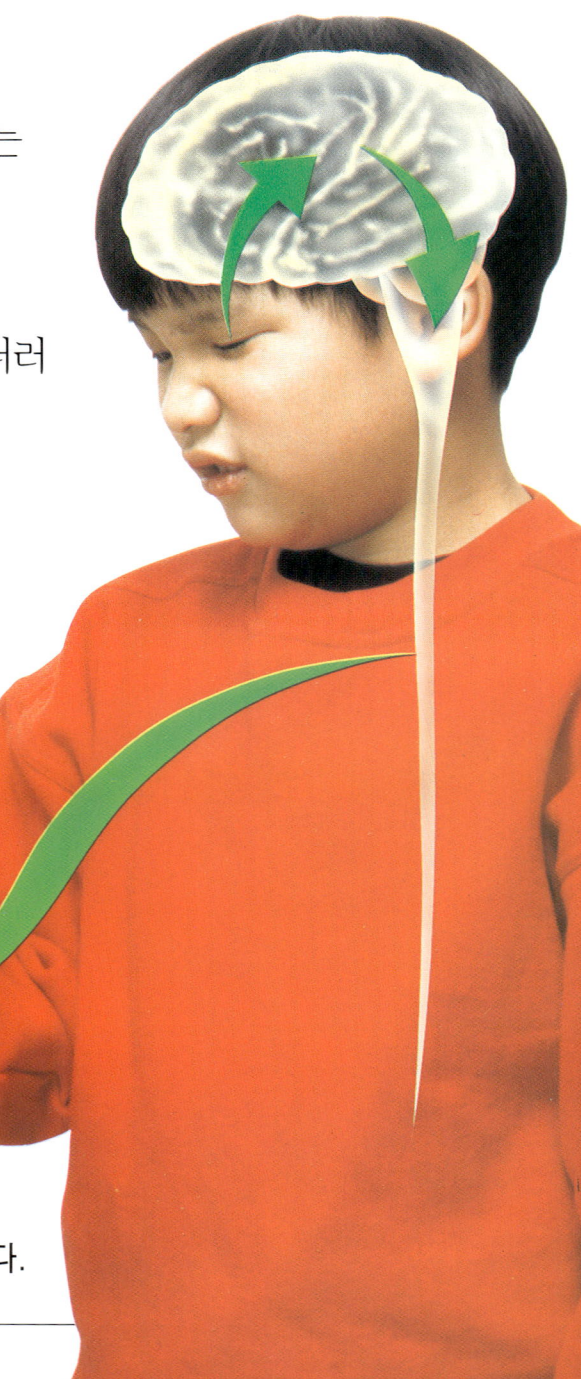

**초록 화살표 방향대로 신경 신호가 전달된다.**

움직일 생각도 없었는데 아주 빠르게 움직이는 경우도 있어요. 그것은 반사 운동이라고 해요. 돌이킬 반(反) 쏠 사(射). 거울이 빛을 반사하듯이, 어떤 자극을 받자마자 느닷없이 움직이는 게 반사 운동이에요. 예를 들어 뜨거운 냄비를 만졌어요. 으악! 뜨겁다는 신호가 손에서 뇌로 번개처럼 전달돼요. 그러면 뇌는 생각할 것도 없이 근육더러 얼른 손을 치우라는 명령을 내려요.

또 다른 반사 운동이 있는데, 실험을 해볼까요? 무릎을 만져보면 아래쪽에 약간 오목한 곳이 있어요. 높은 곳에 걸터앉아서 다리를 늘어뜨리고, 이 오목한 곳을 콕콕 찌르면 다리가 앞으로 휙휙 저절로 움직일 거예요. 신경신호가 척수로 전달되면, 척수는 이 신호를 뇌로 보내지 않고 자기가 다리근육에 명령을 내려요. 다리를 휙휙! 들어올리라고.

## 대뇌(큰골)

머리와 몸통, 팔다리의 근육은 대부분 우리가 움직이고 싶을 때에만 움직일 수 있어요. 이 근육이 바로 수의근. 이 수의근은 대뇌 겉 부분(대뇌피질)의 명령에 따라 움직인답니다.

다른 동물과 달리 사람의 대뇌피질에는 깊은 주름이 잡혀 있어요. 이 주름을 펼치면 뇌의 면적이 30배나 넓어진답니다.
이 겉 부분은 여러 부분으로 나뉘어서 서로 다른 신호를 주고받지요.

수의근을 움직이게 하는 것은 대뇌피질 중에서도 가운데 부분인데, 이 부분을 운동 영역이라고 부른답니다.

모기가 팔에 내려앉았다! 그러면 살갗에서 대뇌피질의 한 곳으로 신호를 보내요.

그곳에서는 신호를 처리해서 운동 영역으로 정보를 보내고, 운동 영역에서 팔 근육더러 움직이라는 명령신호를 내려 보내지요.
그러는 데에는 얼마나 시간이 걸릴까?

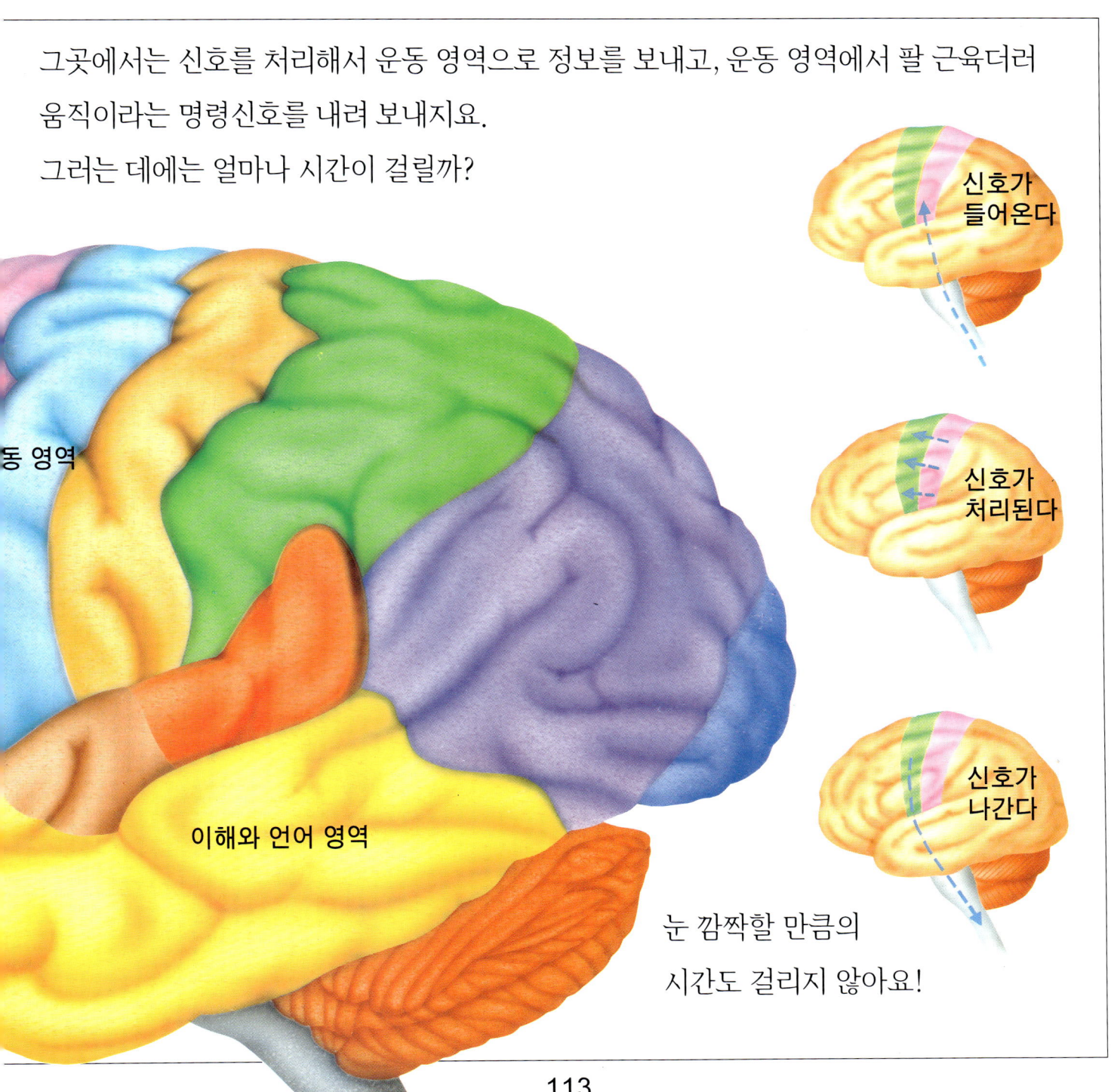

운동 영역

이해와 언어 영역

신호가 들어온다

신호가 처리된다

신호가 나간다

눈 깜짝할 만큼의 시간도 걸리지 않아요!

# 배우기

우리는 어떻게 자전거 타기를 배울 수 있는 걸까요? 우리 몸의 다른 부분과 마찬가지로 신경계도 수없이 많은 작은 세포로 이루어져 있어요. 이 신경세포에는 여러 가닥의 신경섬유가 연결되어 있어요.

가늘 섬(纖) 끈 유(維). 가는 끈을 섬유라고 하는데, 옷을 만드는 실도 섬유라고 해요. 그런데 신경섬유의 길이는? 아주 짧은 것도 있지만, 척수에서 발끝까지 1미터가 넘게 뻗어 있는 것도 있답니다.

신경세포들을 서로 연결시켜주는 것은? 신경섬유. 신경세포를 근육이나 몸의 다른 부분과 연결시켜주는 것은? 그것도 신경섬유.

하나의 신경세포와 거기에 딸린 신경섬유들을 합쳐서 뉴런이라고 한답니다.

우리가 자전거 타기를 처음 배울 때, 이 뉴런에서 저 뉴런으로
되풀이해서 신경신호가 전달되는 길이 생겨요.
자전거를 타기를 배울 때 처음에는 균형을 잡고
방향을 바꾸는 게 아주 어려울 거예요.
그런데 연습을 계속하다보면 같은 신호가
같은 길을 따라 되풀이해서 전달되지요.
이렇게 되풀이되면서 신경신호의 길이
뻥 뚫리고 자전거 타기가 쉬워진답니다.
점점 커가면서 아는 것도 많아지면 더욱
많은 신경신호의 길이 생겨요.

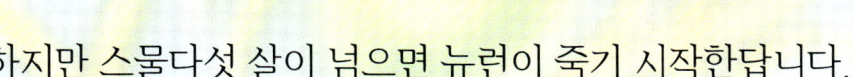

하지만 스물다섯 살이 넘으면 뉴런이 죽기 시작한답니다.
뉴런이 죽은 자리에는 새 뉴런이 생기지 않아요!
그래서 나이가 들면 어렸을 때보다 배우기가
더 어려워진답니다. 뭐든 어렸을 때 배워
야 커서도 아주 잘 할 수가 있어요.

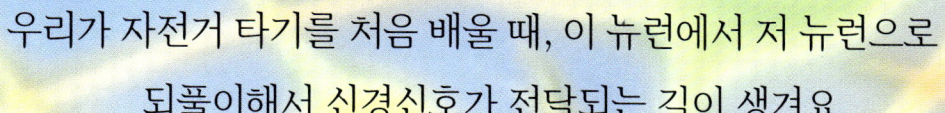

## 기억

내 이름이 뭐더라? 자기 이름이야 당연히 기억하고 있겠지요? 그런데 1주일 전에 점심식사로 뭘 먹었지? 그건 아리송할 거예요.

기억에는 두 가지가 있어요. 오랫동안 잊지 못하는 장기기억과 잠시 기억했다가 잊어버리는 단기기억. 길 장(長) 기간 기(期). 짧은 단(短) 기간 기(期). 어렸을 때부터 되풀이해서 배우면 장기기억으로 보관돼요. 어떤 사실(자기 이름), 행동(자전거 타기, 이빨 닦기)뿐만 아니라, 어떤 모습, 소리, 냄새, 맛도 장기기억으로 보관되지요. 충격을 받거나 강렬한 느낌을 받으면 그것도 역시 오랫동안 잊지 못해요.
몇 분 혹은 몇 시간 전의 일만 기억하는 것을 단기기억이라고 해요.

친구들과 쇼핑 게임을 해볼까요? 한 친구가 말해요. "나는 초콜릿을 살 거야." 다른 친구가 받아서 말해요. "나는 초콜릿과 딸기를 살 거야." 또 다른 친구가 말을 받아요. "나는 초콜릿과 딸기와 모자를 살 거야." 친구들끼리 돌아가면서 말을 하는데, 사고 싶은 물건을 계속 하나씩 덧붙여요. 그러다가 뭘 사기로 했는지 순서대로 기억하지 못하는 사람이 지는 거예요. 이때 물건 이름을 기억하는 게 바로 단기기억이랍니다.

나이가 들면 건망증이 심해지는 사람이 많아요. 잘할 건(健) 잊을 망(忘) 병 증세 증(症). 잊기를 잘하는 병 증세가 건망증. 그런데 건망증이 심한 사람이라도 아주 옛날 일을 잘 기억하고 있답니다. 단기기억에는 문제가 있지만 장기기억은 멀쩡하거든요.

나는 초콜릿과 딸기와 모자와 풍선껌과 잠수함과 비행접시와······

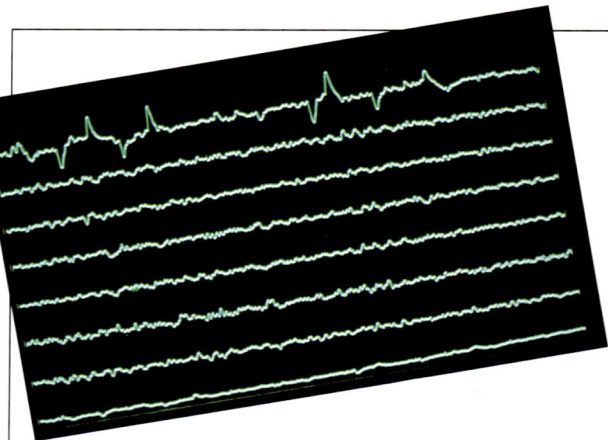

# 잠

잠을 자고 있을 때에도 머리 속에서는 신호가 오락가락한답니다.
의사들은 특별한 기계로 이 신호의 숫자와 속도를 알아낼 수 있어요. 이 신호는 물결 모양으로 나타나지요.

이것을 뇌파라고 한답니다. 물결 파(波). 물결 같은 뇌의 신호를 뇌파라고 해요. 이 뇌파를 알아내면 머리에 무슨 이상이 있는지 알아낼 수 있지요.

잠자지 않고 무슨 생각을 하고 있을 때에는 뇌파가 짧고 작고 뾰족뾰족해요.

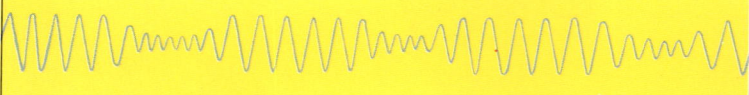

별 생각을 하지 않고 편안히 있을 때 (예를 들어 텔레비전을 볼 때)는 뇌파가 좀더 길고 폭이 넓어져요. 잠들어 있을 때는 뇌파가 아주 크고 길어요.

그런데 자면서 꿈은 왜 꾸는 것일까요? 그 이유를 확실히 알고 있는 사람은 아무도 없답니다. 꿈을 꾸는 건 낮에 얻은 수많은 정보를 처리하기 위한 거라고 짐작할 뿐이에요. 뇌가 중요한 정보라고 생각한 것은 기억 속에 저장하고, 그 밖의 것은 모두 잊어 버리죠.

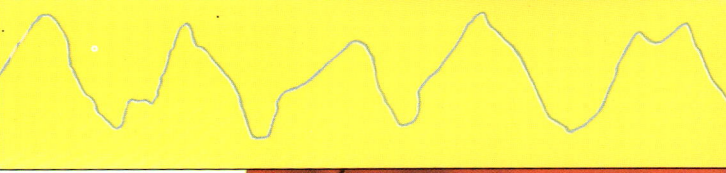

# 소뇌(작은골)

소뇌는 대뇌의 8분의 1 크기.
작기는 해도 소뇌가 없으면 몸을
제대로 움직일 수가 없어요.
소뇌가 없으면 머리를 쓰다듬거나
배를 문지를 수도 없어요.

또 몸의 균형을 유지하고 똑바로
서 있을 수 있는 것도 소뇌 덕분이에요.
소뇌가 없으면 줄타기는 절대로 할 수가 없지요.

흔들리며 달려가는 버스 안에 서 있을 때 자기 다리를
잘 관찰해보세요. 자동으로 다리가 구부러졌다 펴졌
다 하면서 몸의 균형을 잡고 있을 거예요.

# 뇌간(연수)

식물인간이라는 말을 들어봤나요? 대뇌와 소뇌가 일을 하지 않으면 생각도 하지 못하고 근육도 움직일 수 없어요. 하지만 식물인간도 뇌간은 일을 해요. 허파와 심장이 저절로 움직이고, 저절로 소화가 되는 것도 모두 뇌간 덕분이랍니다.

대뇌와 소뇌를 척수와 연결시켜주고 있는 것이 뇌간이에요. 뇌간은 온몸에서 올라온 수많은 신호를 쉬지 않고 계속 걸러내지요. 그래서 중요한 신호만 소뇌와 대뇌로 올려 보내요.

# 별난 이야기

세상에는 다른 사람과 지문이 똑같은 사람이 하나도 없어요. 손가락 지(指) 무늬 문(紋). 이 지문은 엄마 뱃속에서 자랄 때 생긴답니다.

목이 아주 기다란 기린의 목뼈는 몇 개일까요? 여러분의 목뼈는? 똑같이 일곱 개!

심장이 1분 동안 펌프질하는 피의 양은 얼마나 될까요? 4리터 이상! 양동이의 반 이상!

사람은 얼마나 오래 숨을 참을 수 있을까요? 우리나라의 해녀나 태평양의 진주조개를 캐는 사람들은 3분씩이나 숨을 참을 수 있답니다!

갓난아기들에게는 세상이 거꾸로 보여요! 세상이 망막에 비친 그대로 보이는 거예요. 그러다가 조금 지나면 아기의 뇌는 세상을 제대로 보는 법을 배운답니다.

신경신호의 속도는 다 똑같은 게 아니랍니다. 늦은 신호는 1초에 약 45센티미터. 빠른 신호는 1초에 120미터를 갈 수도 있어요. 1시간에는? 120 곱하기 60(초) 곱하기 60(분) 하면, 432,000미터! 432킬로미터!

침샘에서 하루에 얼마나 많은 침을 만들어 낼까요? 약 1리터!

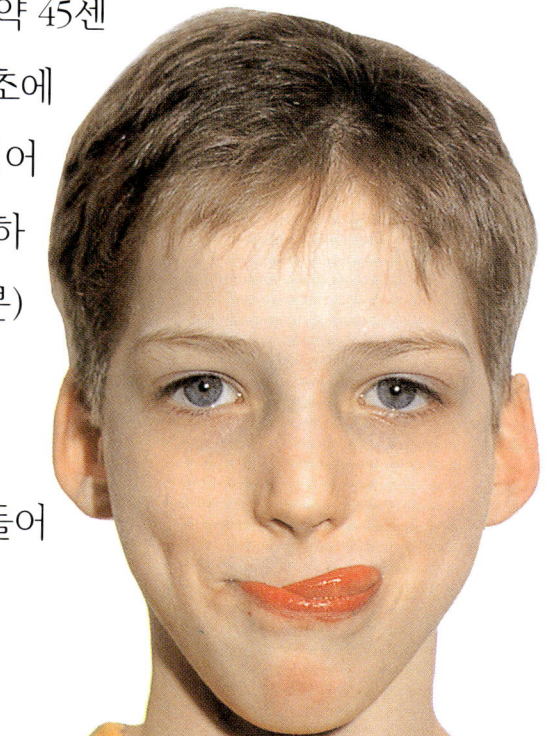

# 우리 몸에 대한 질문

이제 우리 몸에 대해 얼마나 잘 알게 되었는지 한번 되돌아볼까요?

1. 1분 동안 살갗에서 떨어져나가는 죽은 피부세포의 숫자는 약 4만 개나 된다! 그렇게 많이? 그런데 살갗에서 방금 떨어져나간 세포가 처음 태어난 것은 며칠 전쯤일까?
2. 살갗에 색깔이 있는 것은 멜라닌 색소 때문인데, 흑인종, 황인종, 백인종 가운데 멜라닌 색소가 가장 많은 인종은? 그 인종의 피부색은?
3. 살갗 가운데 가장 얇은 것은 무엇일까?
4. 곱슬머리가 되는 이유는 무엇일까?
5. 지구인의 머리털 색깔을 빨간색, 금색, 흑색, 갈색으로 나눌 때, 그중 가장 많은 색깔은?
6. 우리 몸속의 대부분의 피가 만들어지는 곳은 어디일까?
7. 갓난아기의 뼈는 약 300개이고 어른의 뼈는 약 200개인데, 왜 100개가 줄어들었을까?
8. 어른의 키는 갓난아기 때의 키보다 세 배 이상 크다. 그건 피부도 자라고 뼈도 자라기

때문인데, 대체 뼈는 어떻게 자라는 것일까?

9  사람의 뼈 가운데 가장 작은 뼈와 가장 긴 뼈는 각각 무엇일까?

10  문기둥과 문짝을 연결시켜 놓은 쇠를 경첩이라고 하는데, 이 경첩처럼 움직이는 관절은 어디와 어디일까?

11  우리 몸의 피를 깨끗하게 해주는 내장의 이름은?

12  한 사람의 이것 길이는 10만 킬로미터나 된다! 지구를 돌돌 감는다면 두 바퀴 반이나 감을 수 있다! 이것은 무엇일까?

13  허파에서 산소를 빨아들여 온몸의 세포에 산소를 나누어주는 것은 피 세포 가운데서도 적혈구. 그런데 몸속으로 들어온 못된 세균을 죽이는 피 세포 이름은?

14  이 핏줄에는 날름막이 있어서 피가 거꾸로 흐르지 않도록 되어 있다. 그리고 이 핏줄은 살갗 가까이에 있는데, 산소가 부족해서 파르스름하게 보인다. 이 핏줄의 이름은?

15  힘든 운동을 할 때 심장이 평소보다 훨씬 더 빨리 뛰는 이유는?

16  사람에게는 오장이라고 불리는 다섯 가지 내장이 있는데, 허파, 심장, 비장(지라), 간, 신장(콩팥)을 오장이라고 한다. 이 가운데 가장 큰 것은?

**17** 담배를 피우면 점액과 먼지가 허파에 쌓이게 되는데 그렇게 되는 까닭은 뭘까?

**18** 허파는 심장처럼 스스로 움직일 수가 없다. 그래서 갈비뼈 근육이 팽팽해지고 또 다른 뭔가가 팽팽해질 때 허파가 부푼다. 갈비뼈 근육이 느슨해지고 또 다른 뭔가가 느슨해지면 허파가 오므라든다. 또 다른 뭔가가 뭘까?

**19** 밥이 입속으로 들어갔을 때부터 소화가 시작되는데, 소화가 끝났다고 할 수 있는 것은 언제일까?

**20** 그것은 뼈가 아니지만, 우리 몸에서 가장 단단하다. 그것은 무엇?

**21** 음식을 삼키면 후두개가 숨길을 막는다. 그런데 후두개가 제때에 닫히지 않아서 밥이 숨길로 들어가면 어떻게 될까?

**22** 영양분을 잘 빨아들이기 위해서 이곳의 벽에는 손가락 모양의 융모가 촘촘히 돋아 있다. 이곳은 어디일까?

**23** 이곳에는 액체가 들어 있고, 털 모양의 말초신경이 잔뜩 돋아 있다. 액체가 파르르 떨리면 털도 파르르 떨리면서 소리신호를 뇌로 전달한다. 이곳은 어디일까?

**24** 우리 몸이 뱅뱅 돌다가 딱 멈추었을 때 우리는 어질어질하다. 왜 그럴까?

**25** 눈으로 보는 것은 시각, 귀로 듣는 것은 청각, 코로 냄새 맡는 것은 후각, 혀로 맛을 보는 것은 미각, 살갗에 닿는 느낌은 촉각이라고 한다. 이런 감각을 느끼는 눈, 귀, 코, 혀, 살갗 등 다섯 기관을 한자말로 뭐라고 하나?

**26** 사람들의 눈동자 색깔에는 흑색, 갈색, 청색, 회색 등등이 있는데, 눈의 어떤 부분에 이런 색깔을 지닌 것일까? 이것은 눈에 들어오는 빛의 양을 조절하는 곳이다.

**27** 우리 뜻대로 움직일 수 있는 근육을 수의근이라고 하는데, 이 수의근이 움직이도록 명령을 내리는 부분은 대뇌 중에서도 어디일까?

**28** 허파와 심장과 창자를 저절로 움직이게 하는 것은 뇌의 어느 부분일까?

**29** 어린이와 어른이 처음 피아노를 배우기 시작하면 어린이가 더 피아노를 잘 칠 수 있다. 뭐든 어릴 때부터 배워야 커서도 아주 잘 할 수가 있다. 그 이유는 무엇일까?

**30** 다음 한자말을 순우리말로 하면?

피부(皮膚), 척추(脊椎), 두개골(頭蓋骨), 연골(軟骨), 관절(關節), 골수(骨髓)

신장(腎臟), 혈관(血管), 모세혈관(毛細血管), 폐(肺), 홍채(虹彩), 대뇌(大腦)

# 찾아보기

## ㄱ
가슴 55, 56, 60, 58, 69
간 53, 82, 83, 84
기관(숨통) 58, 61, 127
기관지 59, 68
기억 58, 61, 127
관절 116, 117, 119
귀 89, 94, 96
근육 10, 11, 50, 52

## ㄴ
냄새 98, 125
뇌(운동 영역, 뇌간) 104, 105, 106
눈(수정체, 눈조리개) 88, 91, 92
눈동자 90
뉴런 114

## ㄷ
다리 23, 28
달팽이관 93, 95
대뇌 106, 107, 110
동맥 41, 48, 50
두개골 24, 26
등뼈 22, 23, 108
땀샘 8, 10
딸꾹질 66, 67

## ㅁ
말하기 62
맛 75, 100, 101
망막 88, 90
머리 96, 104, 106, 110
멜라닌 7
모세혈관 47, 49
무릎 30, 32, 111

## ㅂ
반사 운동 109, 111
밥통 53, 72, 78, 80
비강 98

## ㅅ
살갗 4, 5, 6, 7
세균 37, 43, 80
소뇌 106, 118, 120
소화계 73
손 6, 12, 26
손가락 26, 28, 32
신경 9, 76, 108, 114
식도 53, 78, 86
신장 41, 125
심장 40, 44, 48, 50

## ㅇ
아담의 사과 (후두융기) 64
연골 22, 24, 28
이산화탄소 42, 55, 62
이자(췌장) 82
운동영역 111, 112

뼈 19~30, 109, 122

## ㅈ
잠 118, 119
재채기 66, 67
점액 64, 99, 124
지라(쓸개) 125

## ㅊ
척수 108, 111, 129
천식 68

## ㅋ
코 67, 89, 98, 101, 125

## ㅎ
해면질 19
허파 25, 42, 45, 55
혀 64, 74, 98, 125
혈장 40, 41
횡격막 56, 61
후두개 78